待機児童ゼロ

——保育利用の権利——

田村和之　伊藤周平　木下秀雄　保育研究所

信山社

はしがき

2015年4月，新保育制度が実施された。新制度は，「質の高い幼児期の学校教育・保育の総合的な提供，保育の量的拡大・確保」などを目指すものであるといわれ，わが国の乳幼児保育の仕組みは，戦後最大の変革を受けた。

新制度実施後3年がたち，その問題点や課題が見えてきている。最大の問題は，新制度のもとでも待機児童が大量に生まれ，無くなっていないことである。2016年春の匿名ブログへの書込み「保育園落ちた。日本死ね」が，衝撃をもって受け止められ，「待機児童ゼロ」は，大きな政治的社会的な課題となっているが，いっこうに実現していない。このような状況において，保育法制研究に携わる者として，待機児童問題をどのように見ているのか，待機児童ゼロの実現のためどうすればよいかなどの問題について，自らの見解を明らかにする必要があると考え，本書を編むことにした。

私たちは，保育サービスを必要とするときに，これを利用する。その保育サービスは，利用者の必要を満たすものでなければならないし，利用している保育サービスから理由なく排除されることがあってはならない。これらについて，法の仕組みはどのようになっているのか。それは保育利用者の権利を守り保障するものなのか。利用者の権利が損なわれたときに，救済を受ける仕組みが整っているか。このような諸問題について，法学からの解明と解決方法を示すことが求められている。

新保育制度を形づくる，改正された児童福祉法や認定こども園法，新法である子ども・子育て支援法（いわゆる子ども・子育て支援関連3法）は，途方もなく複雑・難解であり，これを正確に理解し問題点を明らかにすることは，法学研究に従事する者にとっても容易でない。だからといって，焦眉の課題である「待機児童ゼロ」を避けて通ることは許されない。そこで，難問ではあるが，この問題に法学研究の立場からアプローチし，著者なりの知見を提示することにした。この試みが成功しているかどうかは，読者諸氏の判断にゆだねるほかないが，著者一同の意欲を汲んでいただければ幸いである。

2018年7月

田村和之

目　次

待機児童ゼロ

——保育利用の権利——

序　論

田村和之
伊藤周平

1　2015年実施の新保育制度

(1) はじめに

2015年4月，戦後最大の保育制度改革である新保育制度が実施された。

この保育制度は，いわゆる子ども・子育て支援関連3法の制定・改正によるもので，政府によれば，それは「質の高い幼児期の学校教育・保育の総合的な提供，保育の量的拡大・確保，地域の子ども・子育て支援の充実を目指すものである」といわれる（2012年8月31日，府政共生678号・24文科初616号・雇児発0831第1号，内閣府政策統括官（共生社会政策担当）・文部科学省初等中等教育局長・厚生労働省雇用均等・児童家庭局長連名通知（いわゆる公布通達））。

だが，新保育制度実施の直後の2016年早春，保育待機児童の問題が噴出した。当時大きな話題になった匿名ブログの「「保育園落ちた，日本死ね」の発信力は絶大であり，この問題は，わが国における保育施設不足を如実に印象づけ，待機児童の解消は政治的社会的課題となった。それは，新保育制度の発足をあざ笑うがごときであった。

戦後の1947年に制定された児童福祉法は，乳幼児の保育を目的とする保育所を児童福祉施設の一種とし，市町村は「保育に欠ける」子どもを保育所に入所させて保育しなければならないとした（保育の実施義務）。市町村がこの義務をはたそうとすれば，保育所が必要であるが，しばしば保育所が足りなかった。政府は，保育所不足であっても保育を必要とする子どもを放置できないとし，児童福祉法24条を改正してただし書を加え，「附近に保育所がない等やむを得ない事由があるときは，その他の適切な保護を加えなければならない。」と定めたが（1949年の同法の第3次改正），どうしたわけか，このただし書による市町村義務は履行されずじまいであった。

保育所が足りないために入所できず，ただし書の「その他の適切な保護」義務が履行されなかったので，保育所入所を申し込んでも放置される子ども（待機児童）が生じた。しかし，このような状況は放置されてきた。その理由はいろいろ考えられるが，長い間日本社会にあった，子育ては本来親の義務である，保育施設への育児委託は親責任の放棄である，地方自治体の財政状況は厳しく多額のお金がかかる保育所の設置運営にむやみに予算をつぎ込むわけにいかない，などといったことが挙げられるだろう。

しかし，社会状況は急速に変化した。男女の共働きが増加し，乳幼児を保育施設にあずけて働くことは当たり前になった。そうしなければ，生活が成り立たないのである。政府は「保育対策」に乗り出し，「待機児童ゼロ作戦」などを掲げて保育所などの利用を促進しようとしたが，必ずしも所期の目的を達せられず，ついに法制度改革に着手することになった。

⑵　子ども・子育て支援関連3法の制定

保育制度改革の動きは自民党政権のもとで始まり，民主党政権において具体化した。2012年3月，野田内閣は子ども・子育て支援法案，総合こども園法案など（いわゆる新システム関連法案）を国会に上程し，それまでの市町村の責務による保育サービス提供の仕組みを改め，「保育利用」は当事者（保護者と保育サービス提供事業者）の間の合意（契約）による仕組みに変更しようとした。この法案は保育関係者などから強い批判が噴出し，同年6月15日，与党の民主党と野党の自民党・公明党による3党合意が成立し，新システム関連法案は大幅に修正されることになった。この結果，総合こども園法案は廃案とされ，同年8月10日，子ども・子育て支援法案が修正のうえ成立し，また，児童福祉法よび認定こども園法（就学前の子どもに関する教育・保育等総合的な提供の推進に関する法律）の大幅な改正法案が成立した。こうして子ども・子育て支援関連3法が制定され，同月22日に公布された。

この3法による保育所などの利用に関する主な改革点は次のとおりである。

① 子どもを保育する施設として，満3歳以上の幼児に対する教育・保育を一体的に行うことを目的とする幼保連携型認定こども園が新設された（児童福祉法39条の2，認定こども園法2条7項）。幼保連携型認定こども園は児童福祉施設であるとともに，教育基本法6条に基づく「法律に定める学校」である（学校教育法は適用されない）。

② 保育所入所について定める児童福祉法24条1項が改正され，その要件が「保育に欠ける」から「保育を必要とする場合」に改められ，また，同項ただし書が削除された。改正後の同項は次のとおりである。

児童福祉法24条1項 「市町村は，この法律及び子ども・子育て支援法の定めるところにより，保護者の労働又は疾病その他の事由により，その監護すべき乳児，幼児その他の児童について保育を必要とする場合において，次項に定めるところによるほか，当該児童を保育所……において保育しなければならない。」

③ 新たに家庭的保育事業，小規模保育事業，居宅訪問型保育事業および事業所内保育事業が定められ，いずれの事業も「保育を必要とする」乳児または幼児を保育するとされた（児童福祉法6条の3第9項〜12項）。これらの事業をあわせて「地域型保育事業」という（子ども・子育て支援法7条）。

これらの事業における保育について，児童福祉法24条2項は次のように定めている。

児童福祉法24条2項 「市町村は，前項に規定する児童に対し，認定こども園法第2条第6項に規定する認定こども園（子ども・子育て支援法第27条第1項の確認を受けたものに限る。）又は家庭的保育事業等（家庭的保育事業，小規模保育事業，居宅訪問型保育事業又は事業所内保育事業をいう。以下同じ。）により必要な保育を確保するための措置を講じなければならない。」

④ 市町村は，児童福祉法24条3項により，保育所や認定こども園，家庭的保育事業等の利用について調整し，利用の要請（保育所を除く）を行う。

児童福祉法24条3項（73条1項による読替え後）「市町村は，保育所，認定こども園（子ども・子育て支援法第27条第1項の確認を受けたものに限る。以下この項……において同じ。）（保育所であるものを含む）又は家庭的保育事業等の利用について調整を行うとともに，認定こども園の設置者又は家庭的保育事業等を行う者に対し，前項に規定する児童の利用の要請を行うものとする。」

⑶　市町村の保育の実施義務

改正後の児童福祉法24条1項によれば，「新制度の下でも，引き続き，現在の（改正前の。筆者）制度と同様に，市町村が保育の実施義務を担う」とされた（2012年9月18日づけ「自治体職員向けQ&A」内閣府ウェブサイト）。つまり，保育所入所要件に該当する子どもについては，改正後の同項は，改正前と同様に市町村が保育の実施義務を負うとされた。

改正前の市町村の保育の実施義務は，結局のところ，保育所が受け入れることができる範囲内で子どもを保育する義務であり，この範囲を超えて子どもを保育しなければならないものではなかったが，改正後の市町村の保育の実施義務も同様なのであろうか。

改正前の同項に定められていたただし書（「ただし，保育に対する需要の増大，児童の数の減少等やむを得ない事由があるときは，家庭的保育事業による保育を行うことその他の適切な保護をしなければならない。」）は削除されたから，現行の児童福祉法24条1項は，市町村に保育所保育義務に代替する「適切な保護」を行う義務を課していない。このような現行規定のもとで，保育所不足のとき，市町村はどのようにして保育の実施義務をはたすことになるのであろうか。

現行の児童福祉法24条1項に定められた「次項に定めるところによるほか」という文言は，市町村は「保育を必要とする」子どもについて，同条2項の定める認定こども園や家庭的保育事業等により「必要な保育を確保するための措置を講じなければならない」ことを意味するが，この義務の内容はどのように理解されるのであろうか。

新保育制度では，市町村が地域型保育事業において保育を必要とする子どもを保育するのではなく，その利用は保護者と事業者との間で締結される契約によるといわれている。そうだとすれば，同条2項の「必要な保育を確保する措置を講じ」る市町村義務とは，家庭的保育事業等における保育必要量の確保に取り組む義務であると考えられる。そのような義務は，市町村が政治・行政の上で配慮しなければならない義務，つまり政治的・政策的配慮義務・努力義務にとどまるように考えられる。このように考えれば，新保育制度における保育の実施義務は，従前のそれとほとんど同じであることになるが，これでは何のための保育制度改革であったのかという疑問が浮かぶ。

児童福祉法24条3項（73条1項による読替え後）は，市町村による保育利用の調整，利用の要請を定める。内閣府および厚生労働省によれば，利用の調整とは保育所などの利用定員を超えて申込者があったときの利用の優先性の判断をいう。これに基づいて市町村は，保育所以外の保育施設・保育事業者に対して利用要請を行うとされているのであるが，本来それらの利用は利用者と事業者の契約によることは前述のとおりである。市町村による利用要請が，この契約締結を阻害するようなものであってはならないことはいうまでもない。この利用要請は何を意図しているのであろうか。

2 待機児童問題と保育利用の権利

(1) 待機児童問題とは何か

いま日本では，少子化が進む一方で，保育所入所を希望しながらも保育所に入れない「待機児童」の問題が都市部を中心に深刻化している。しかし，保育所不足，保育士不足などで，待機児童の解消は一向に進まず，子育ての不安が増している。

現在，社会問題となっている待機児童問題は，いつごろから深刻化したのだろうか。

1960年代の高度経済成長期に，既婚女性の就業が進み，子育て世代の女性を中心に「ポストの数ほど保育所」をスローガンに，各地で保育所づくりの運動が広がった。当時，各地で成立した革新自治体が，それを後押ししていった。1970年代には，国も，こうした保育所づくりの運動の拡大におされて，保育所緊急整備計画を策定し，年平均で，保育所800か所程度の創設，入所児童約9万人の増大を実現，1970年代末には，保育所2万3000か所弱，在籍児200万人弱の水準に達し，現在の保育所保育の基礎が築かれた。

しかし，1980年代に入ると，日本経済が低成長期に入り，個人や家族の自助努力を強調する「日本型福祉社会」論のもと，福祉見直しが叫ばれ，福祉関係費の国庫負担割合が大幅に引き下げられるなど（8割→5割），福祉予算の削減が進んだ。保育所についても，子どもが3歳になるまでは親のもとで育てた方がよいという，いわゆる「3歳神話」の影響が広まり，「保育所の役割は終わった」として，保育所抑制策がとられるようになる。保育所数は一転して減少傾向となり，1990年代を通じて減少が続き，2000年時点で2万2000か所にまで減少した。その結果，このころから，保育所入所を希望しても，施設不足のため入所できない子どもたち，すなわち「待機児童」が増え社会問題化していく。

一方で，合計特殊出生率（ひとりの女性が産む子どもの数の平均）が，丙午（ひのえうま）の1966年の1.57を下回った1989年を起点に（「1.57ショック」といわれる），低下が続き，少子化対策が課題となってきた。そして，少子化対策の一環として，待機児童問題への取り組みがはじまる。

国がはじめて，待機児童数を公表したのは，1995年からだが，目標数値を定め，本格的に待機児童解消に乗り出したのは，2001年の小泉政権のときの「待機児童ゼロ作戦」からであった。「待機児童ゼロ作戦」は，受入れ児童数を2002年度中に5万人，2004年度までにさらに10万人，合計15万人増やすという目標数値を定め，実際に，2002年には196万人だった保育所定員数は2007年には211万人まで増大した。しかし，公費のかかる保育所増設ではなく，規制緩和による既存保育所の定員を超えた詰め込み中心の施策であったため，待機児童ゼロには到底及ばず，「詰め込み保育」と揶揄されるなど，保育の質が低下した（以上の経緯については，第1章参照）。

待機児童の解消は，歴代政権に引き継がれ，安倍政権も「待機児童解消加速化プラン」を打ち出した。同プランでは，2013年～2014年度を「緊急集中期間」として約20万人分の保育施設を整備したうえで，2015年～2017年を「取組加速期間」として，さらに20万人分の受け皿を確保し，2017年度末までに，待機児童解消を実現するという目標を掲げた。しかし，希望者が多い保育所の整備ではなく，小規模保育事業など安上がりな保育施設の整備が中心であったこと，各自治体の整備計画の前提が過小な保育需要であったことなどから，目標としていた2018年3月末までの待機児童解消は実現できず，同プランは失敗に終わった。

1990年代以降は，地方行財政改革の一環として，コスト削減を目的に，公立保育所の廃止や民営化（社会福祉法人や企業への委託）が各地で進められ，今でも続いている。待機児童の解消といいつつ，公立保育所は減らされ続けてきたのである。公立保育所と私立保育所の数を比較すると，当初は前者が多かったが，とくに，公立保育所の運営費が一般財源化され，国の補助がなくなった2004年以降，公立保育所数は激減，2015年10月時点で，保育所総数2万3312のうち，公立保育所8571（総数の約37%），私立保育所1万4741（同約63%）となっている（厚生労働省「社会福祉施設等調査報告」）。

在籍している園児がいるにもかかわらず，強引な保育所の民営化が行われている自治体もあり，子どもの権利の視点が欠けている。本書の各章で明らかにされるように，市町村には保育所保育の実施義務があるのだから，公立保育所を増設し，正規の公務員保育士を増やして待遇を改善していくべきである。それは待機児童解消につながるはずである。

(2) 解消されない待機児童

2015年4月，深刻化している待機児童の解消を掲げて，戦後最大の保育制度改革ともいうべき「子ども・子育て支援新制度」（以下「新制度」という）がスタートした。新制度は，①子ども・子育て支援法，②認定こども園法（就学前の子どもに関する教育，保育等の総合的な提供の推進に関する法律）の一部改正法，③児童福祉法の改正など関係法律の整備に関する法律の3法（子ども・子育て関連3法）の施行によるもので，新制度の導入に，待機児童解消の期待をかけた保護者も多かっただろう。

大半の保護者は，保育水準が高く，0歳から小学校就学まで利用できる保育所での保育を希望しており，待機児童解消のためには，何よりも，保育所の増設が必要だったはずである。しかし，新制度では，保育の供給量増大は，保育所ではなく認定こども園や小規模保育事業を増やすことに主眼が置かれたため，都市部を中心に，深刻な保育所不足は変わらず，待機児童は解消に向かうどころか増加している（第１章参照）。

結局，新制度のもとで，待機児童の受け皿として増えているのは，駅前のビルの一室を借りた，保育士資格者は半分しかいない保育水準の低い小規模保育事業というのが現状だ。小規模保育事業は事業開始が容易なため，株式会社が多く参入し，保育施設全体の供給量は増えたかもしれないが，保育の質の確保の観点からすれば問題が多い。保護者は，どこでもいいから子どもを預かってもらえればよいというのではなく，安心・安全な預け先を望んでいるのだから。

2016年２月には，保育所の入所選考に落ちた母親が政治への怒りをつづった「保育園落ちた日本死ね!!!」と題するブログが国会質問で取り上げられ，待機児童問題に真剣に向き合おうとも解決もしようとしない安倍政権に対する怒りの声が急速に拡大，マスコミにも大きく取り上げられ，改めて待機児童問題が社会問題化した。安倍政権は，緊急対策を打ち出したものの，保育所への詰め込みなど規制緩和策が中心で，結局，前述のように，待機児童の解消には至らず，問題はむしろ深刻化する結果となった。

その後，安倍政権は「待機児童解消加速化プラン」を受けて，新たに「子育て安心プラン」として（もっとも，同プランが失敗したとはいわずに，新たな施策との位置づけだが），32万人分の保育の受け皿整備を進め，2020年度までに待機児童の解消を達成するとした。しかし，必要な保育施設は，野村総合研究所の試算では同年度で88万人分との推計もあり，このままでは，またもや「見通しが甘かった」とか，「希望者が想定以上に増えた」との理由（言い訳？）で，2020年度までに待機児童の解消が実現しないのは目に見えている。

待機児童の解消が進まない中，保育所に入れなかった子どもの保護者は仕事を辞めるか，場合によっては，保育最低基準を満たしておらず認可が出ていない認可外保育施設を利用せざるを得ない状況に追い込まれている。認可外施設は自治体の補助がない場合が多く保育料が高く，家計負担が重くなるため，利用をあきらめる保護者も多い。しかも，認可外では保育士資格者は3分の1程度の配置を目安にしており，事故につながりやすい。実際，認可外保育施設での子どもの死亡事故は，非常に高くなっている。保育士資格者の不在，保育の専門性の欠如は，子どもの命を危機にさらすのである。

(3) 保育士の労働条件の悪化と保育士不足の深刻化

待機児童と同時に，保育を担う保育士の労働条件が悪化し，保育士不足も深刻な問題となっている。

保育士の給与は，全産業平均（月33万円）より約11万円も低く，この20年間でほとんど上昇していない。最大の原因は，国が公定価格（新制度以前は保育所運営費）に算定される保育士の給与基準額を増やしてこなかったことにある。しかも，国の基準では，保育士の義務となっている保育計画の作成や記録のまとめ，園だよりの作成，打ち合わせ会議などの時間は，カウントされていない。そもそも，子どもの保育時間が1日8時間を原則としている保育所において，労働基準法にそって，保育士の労働時間を8時間とすれば，直接的な子どもへの対応ですべて終わってしまう。それ以外のこれらの労働は，残業代が払われないサービス残業とならざるをえない。国の基準が実態にあっていないのだ。新制度では，保育士給与基準は公定価格という形で国が決めているが，これらの労働分の給与も含めて基準を大幅に引き上げるべきである。同時に，国の人員配置基準もあまりに低すぎる。0歳児3人に対して保育士1人の配置（3対1），1・2歳児6対1，3歳児20対1（新制度では，加算がついて15対1），4・5歳児は30対1と定められているが，この国基準では十分な保育ができず，認可保育所の場合は，平均で基準の約2倍の保育士を配置している（国基準を超えた保育士の配置部分の財源は自治体の持ち出しとなる）。国の基準は半世紀近くも改善されておらず，早急に引上げが必要である。

すでに，公立保育所の民営化や指定管理者制度の導入で，保育士などの労働条件は悪化の一途を続けてきた。公立保育所で働く保育士は公務員だが，民営化された場合には，給与の高いベテラン保育士が採用されないなど，保育士の給与を安く抑える傾向にある。公立保育所の民営化は，公務員リストラや非正規雇用化により委託費（公費）を削減しようとする意図で行われてきたのである。公立保育所でも，人件費削減のため，いまでは非正規雇用の保育士が半分以上となり，保育士の労働条件の悪化は顕著である。保育士の待遇悪化は，公費削減を進める国・自治体によって政策的に生み出されてきたといえる。

⑷　保育利用の権利の確立に向けて

以上のような現状をみても，新制度が，子育て支援の充実や待機児童解消を目的とした制度ではないことがわかる。新制度導入の目的は，従来の保育制度（市町村委託・施設補助方式，自治体責任による入所・利用の仕組み）を解体し，介護保険のような給付金方式・直接契約方式に転換することにあった。給付金方式にすることで，これまでの補助金を廃止し，使途制限をなくして企業参入（保育の市場化）を促して保育提供の量的拡大を図るとともに，市町村の保育実施義務（保育の公的責任）をなくすことを意図した制度といえる。同時に，新制度は，保育所以外に認定こども園や地域型保育事業も給付対象とすることで，多様な施設・事業が並存する仕組みとし，これにより，現在の待機児童の8割以上を占める0〜2歳児の受け皿となる小規模保育事業などを増やし，規制緩和と企業参入に依存して，安上がりに供給量を増やし待機児童の解消を図ろうとするものである。こうした政策意図のもと，児童福祉法24条1項に定められていた，市町村の保育実施義務は，当初の児童福祉法改正案では削除されていた。しかし，多くの保育関係者の運動の結果，国会の法案審議過程で復活することとなり，市町村の保育実施義務は，少なくとも保育所の利用児童については，新制度のもとでも維持されることとなった（第7章・第8章参照）。

とはいえ，児童福祉法24条1項には「子ども・子育て支援法の定めるところにより」との文言が新たに加えられた。子ども・子育て支援法は，認定こども園，幼稚園，保育所を「教育・保育施設」とし，支給認定を受けた子どもが，この教育・保育施設を利用した場合に，施設型給付費（給付金）を支給する仕組みで，給付金方式・直接契約方式を基本としている。保育所利用の場合のみ，市町村の保育実施義務が維持されたことで，保護者と市町村との契約という形をとり，保育料も市町村が徴収し，私立保育所には委託費が支払われる仕組みとなったため，新制度は，市町村委託方式と給付金方式という相異なる仕組みを併存させる複雑な制度となった（第8章参照）。新制度は「子ども・子育て支援」といいつつ，子どもの権利保障の法とはいいがたく，随所に法的整合性を欠く制度といえる。

いずれにせよ，待機児童解消のためには，保育所の整備は急務である。市町村の保育の実施義務を法的義務として，子どもの保育を受ける権利（保育利用の権利）を法的権利として確立し，市町村が保育所整備を怠った場合には，損害賠償責任を問われるような仕組みとすることが必要ではなかろうか（実際に自治体が損害賠償責任を問われたドイツの判例について第6章参照）。また，保育士不足を解消するためにも，保育士の待遇改善は待ったなしである。もっとも，その方法はシンプルなものだ（解決策は明らかである）。公費を投入して，保育士や保育所職員の数を制度的裏づけによって増やし，保育士の平均給与を全産業平均と同じにするため，月額10万円の給与アップを打ち出せばよい。

こうした政策が実行できないのは，いまの安倍政権が「安上がり保育」を基本としているからである。財界の要望にそって，「女性活躍社会」と称して，女性を安い労働力として活用し，そのために必要な保育（というより託児）手段を，新制度の導入によって，これまた安上がりに整備しようとするのが，安倍政権の待機児童対策を含めた少子化対策の本質といえる。人口減少と人手不足が続く中，女性の労働力を，これまで以上に大規模に（低賃金労働者として）活用・動員したい。そのためには，女性が働けるための子育て支援の仕組みが必要で，保育施設を増やさなければならない。しかし，そこにあまりお金をかけたくないから，規制を緩和し，保育士資格のない低賃金の保育者に担わせよう，というのが安倍政権の政策スタンスである。実際，安倍政権のいう「女性が輝く社会」の実現とは裏腹に，いまだに多くの女性は非正規雇用，低賃金労働に従事している。しかし，これでは，待機児童の解消はおろか，ますます少子化が進むだろうし，経済も成長しない。

公費削減政策を転換し，確実な財政保障と保育基準の改善により，子どもを安心して預け育てることのできる社会を実現するべきである。そのために，市町村の保育の実施義務を法的義務として，子どもの保育利用の権利を法的権利として確立していく必要がある。

3　本書の目的と構成

待機児童の解消が喧伝されている。しかし，行政の現実に目をやれば，保育の実施は市町村の努力義務にとどまっている。裁判はどうであろうか。第3章で取り上げる三鷹市保育所入所申込み拒否損害賠償請求裁判（新制度の下で保育所入所申込みを裁判で争った唯一の例とみられる）の東京地裁判決（2016年7月28日）および控訴審東京高裁判決（2017年1月25日）は，保育所の定員を超えた申込みがあったとき，優先順位の選考（調整）を経て申込み不承諾（却下，保留）とするのは違法でなく，したがって，市町村に損害賠償責任は認められないとしている。

まったく待機児童を出さないようにするには，市町村に保育を必要とする子どもを保育所などで保育する法的義務があるとされなければならないのではないだろうか。保育の実施義務は政治的政策的な努力義務にとどまるとすれば，保育所などの定員を超えて子どもを入所させる必要はないとされ，その結果，待機児童が発生しても，違法でなくやむを得ないとされるからである。

これまでのところ，市町村の保育の実施義務は法的義務であるとする見解は，一般的には知られていないようであり，法学説としても未成熟であるが，本書では，この見解が成立するかどうかを，執筆者の共通の認識として追究したい。これが本書の目的，課題である。

本書の各章では，各執筆者が以上のような課題を踏まえて，各テーマについて自らの見解を展開する。

第1章（保育研究所・逆井直紀）では，保育所などの入所・利用（保育利用）の現状と問題点を整理している。

第2章（田村和之）では，第1章で取り上げた問題を，市町村行政の法的側面に焦点をあてながら検討する。

第3章（田村和之）では，前述の三鷹市保育所入所申込み損害賠償請求裁判をくわしく検討し，問題点と課題を析出する。

第4章（伊藤周平）では，所沢市住民が育児休業を取得したことに伴い，在園児の退園を迫られた事案（裁判事件）を素材にしつつ，保育所在園を継続する権利について検討する。

第5章（田村和之）では，市町村が行う保育所入所決定に1年間という期間が付けられ，その結果，これが過ぎれば当然に退園となる事例を取り上げ，保育所入所・利用の権利の内容について考察する。

第6章（木下秀雄）では，ドイツの裁判所で争われた裁判を紹介・検討する。事案は子どもの入所を申し込んだが認められなかったため，子どもの母親が原告となり地方自治体を被告とした損害賠償請求裁判である。日本の最高裁にあたるドイツ連邦通常裁判所は，原告の請求を認めた。この判決は，わが国の児童福祉法の定める保育所などの入所・利用に関する法令を理解するにあたり，資するところが大きいと考えられる，

第7章（田村和之）と**第8章**（伊藤周平）は，子ども・子育て支援関連3法による新保育制度における市町村の保育の実施義務，子どもの保育を受ける権利について，各執筆者の立場から検討している。執筆者の田村・伊藤は問題意識を共有しているが，述べられている法の理解（法解釈）は必ずしも一致していない。現時点における執筆者の理解を，そのまま提示する。

補論（田村和之）では，新保育制度における保育所保育料について，法的な観点から検討している。保育料は，保育所に入所できた者が直面する問題であるので，参考のために掲載する。

1 「保育」利用の状況

保育研究所　逆 井 直 紀

1 保育所に入れない

(1) 保育所不足と待機児童問題

近年共働き家庭の増加等があり，保育を求める家族は増え続けている。

保育所入所を希望しながら入所がかなわなかった子どものことを待機児童というが，政府等が対策を打っているにもかかわらず，その数が減らず，現時点でおいても高止まり状態にある。

2016 年の春，匿名ブログ「保育園落ちた，日本死ね!!!」の発信をきっかけに，かつてないほどこの待機児童問題に大きな社会的な関心があつまった。早急に解決すべき社会的課題として位置づけられ，国政上も地方行政上も，待機児童解消が重要課題として認識されるようになった。

しかし，待機児童問題は，近年突如発生した問題ではない。

1960 年代になると急速な都市化の中で，保育所不足問題が指摘され，「ポストの数ほど保育所を」の住民運動のスローガンが一般化するほど，待機児童問題は社会的問題として存在していた。その後，1980 年代以降子ども数が減少する中で，この待機児童問題が取り上げられることが少なくなったが，相変わらず 0～3 歳児といった低年齢児を受け入れる施設や，労働時間の多様化に対応する保育施設は少なく，入所をあきらめたり，待機せざるを得ない家族が相当数存在していた。その状況が 1990 年代後半以降，雇用の不安定化などの変化を受けて，さらに激化し再び注目を浴びるようになった。

(2) 待機児童ゼロ作戦

2000 年代に入ると，小泉内閣の「待機児童ゼロ作戦」（2002 年）など歴代内閣が次々と待機児童対策を打ち出してきた。しかし，それらの対策は，新自由主義的な政策潮流のもとで，保育所受入児童の拡大という点ではもっとも基本といえる保育所の新増設が重点的施策とはならなかった。歴代内閣が打ち出した待機児童対策は，いずれも保育所の新増設が基軸にすえられず，規制緩和の徹底による既存保育所への定員を超えた入所増など策が中心であった。規制緩和という点では，原則的に禁じられていた，保育所定員を超えた入所に関わる規制が，徐々に緩和されるようになった。各施設では，最低基準ギリギリまで条件を下げて入所児童を受け入れざるを得なくなり，いわゆる「詰め込み」保育などという言葉がマスコミでも使われるようになった。

また，その間の地方自治体における対応も，認可外保育施設に着目し，独自の補助を作り活用する動きが広がった。その代表格である東京都は，駅前のビル等への保育施設設置を推進するために都独自の認証保育所制度を発足させた（2001年）。都内の区市も，この制度の拡大に傾注した結果，認可保育所の整備が停滞してしまったのである。ちなみに，この認証保育所制度は，資格をもった保育士の配置が必要保育者数の6割でも可とするなど，保育所が守るべき最低基準を弾力化（緩和）して適用するもので，認可保育所に比べ安価に設置・運営できるが，条件面での認可保育所との差は明らかであった。

待機児童対策の柱として認可保育所の新増設に国・自治体がやっと本腰を入れだしたのは，2010年代に入ってからのことである。保育所の新増設が前面にでてきたものの，同時に他の受入れ策も拡大するという手法がとられた。

現在の安倍内閣は，2017年度末に待機児童をゼロにすると目標を掲げた「待機児童解消加速化プラン」に基づいて，施策が展開されたものの目標は達成できなかった。2018年度からは新たに「子育て安心プラン」なる施策の体系が示され，2020年度には待機児童の解消を図るとの目標が掲げられている。

(3) 隠れ待機児童数

新たな目標提起に関しても，実現するかどうか，マスコミは厳しい見方をいているが，この間の経緯を振り返れば，行政の対応はあるものの，全国的にみれば待機児童数は横ばい状態にあり，待機児童の存在が当たり前のようになってしまっている。

2017年4月1日現在の厚生労働省が発表した「保育所等関連状況取りまとめ（平成29年4月1日）」によれば，待機児童数は全国で2万6,081人。3年連続で増加した。その特徴点をあげると，①待機児童の約8割を3歳未満児が占める，②特に，東京都，神奈川県，千葉県，の首都圏，愛知県と大阪府の5都府県で全体の6割強を占めるなど，大都市圏に集中している，などである。

公表数が実態を反映していないとの批判を受けて，厚生労働省は，これまで待機児童として対象外にしていた「隠れ待機児童数」を，2015年から公表するようになった。その数は，2017年4月1日現在で6万9,224人であり，待機児童数と合わせれば9万人を超えている。入所申請は年度途中でも行われるので，同年10月1日での待機児童は5万5,433人で，年度当初より倍増する。

保育所等で保育を受けている子ども数は全国で約255万人（2017年4月1日現在）であるが，10万人前後の子どもたちが入所申請をしても，希望する保育が受けられていない。

2 多様な保育の受け皿

2015年度から，従前の制度に代わって子ども・子育て支援新制度（以下「新制度」という）が実施された。

従前のいわゆる措置制度では，保育の必要性のある子（当時は，保育に欠ける子）の受け皿は保育所に限定されていたといえる。新制度では，児童福祉法上の位置づけや入所の仕組みが異なるものの多様な保育施設・事業が，保育所と同列に位置づけられるようになった。具体的には，認定こども園，保育所よりも緩和した基準を適用する地域型保育事業（家庭的保育事業，小規模保育事業，事業所内保育事業，居宅訪問型保育事業）である。

この新たに位置づけられた地域型保育事業の各事業は主に3歳未満児の受

け皿であり，子どもが3歳になると，新たな受け入れ枠を確保する必要がある。実際，待機児童が多い地域は，3歳以上を受け入れる施設も不足しているため，受け入れ枠確保は困難化し，いわゆる「3歳の壁」として，問題点が指摘されるようになった。

さらに，幼稚園が認定こども園になって，低年齢児保育の受け入れをはじめることで，待機児童解消につながるとの期待感が，マスコミ等を通じて振りまかれた。しかし，園児の8割を保育している私立幼稚園の新制度への移行については，2016年でも3割程度にとどまっている。一般的に幼稚園は，低年齢児保育や就労保障としての長時間保育の蓄積に乏しいこともあって，新制度への移行や認定こども園化がどこまで拡大するか不透明な状況にある。

保護者の大多数は，居住地の近くで，一度入所したら就学前まで同じ施設での保育を受けることを希望している。同時に入所するきょうだいがいればなおさらである。また，有資格者の割合が少なく，ビルの一室で園庭のない施設ではなく，資格者による保育が保障され，より環境が整った施設での保育を，希望するのは当然といえる。

この点からみると，新たな選択肢として位置づけられた小規模保育などの地域型保育事業は，小集団の保育を望む積極的な申請もあるが，多くの場合，保育所等に入所がかなわなかった場合の次善の選択肢になっている。

また，家庭的保育は，原則的には保育者が1人で，必須となっている給食が提供できない，保護者の勤務状況に保育時間が合わないといったケースもある。よって，保護者としての希望順位は低くなるが，他に適当な施設がなければ最終的な受け皿となる場合もある。

本来なら保育所を希望したが，それがかなわず，次善の選択肢である地域型保育事業で保育を受けている場合でも，保育所の入所を希望し続けているのであれば，待機児童としてカウントすべきである。しかし，実際には保育を受けることができているのだからと，多くの市区町村では待機児童とはみなされていない。そればかりか，認可を受けていない認可外保育施設の利用者でさえ，待機児童としてカウントしなくともよいとする待機児童の定義が，厚生労働省によって示されている[1]。

認可外施設には，自治体単独でその運営費などに補助を出したり，国によって補助が支出されたりしている。前者の代表例は東京都の認証保育所，横浜市の横浜型保育室である。後者は，2017 年度から実施された企業主導型保育事業である。両者ともに，市町村が，その保育の申し込みや利用の決定に直接かかわることはない。

3 足りない受け皿，問われる選考基準

新制度は保育の受け皿を増やしたのだが，それでも不足する状況が大都市部ではつづいている。「保活」なる言葉が一般化してしまっている所以である。

本来，保育所入所は，保育を必要とする要件が認められた（新制度における保育の必要性の認定）すべての子どもに保障されるべきものだ。しかし，実際は受け皿が不足し，申請者数がその枠を上回る場合，市町村は選考等を行う。

新制度が導入されてから，入所・利用の仕組みは，児童福祉法 24 条 1 項に位置づいた保育所と，24 条 2 項が適用されるそれ以外の施設等で異なっている。しかし，実際の行政では，入所・利用の申込みを市町村が受け付け，保育の必要度の高い子どもから入所させるべく，申請者の順位づけがなされている。順位付けが低ければ入所は叶わず，待機を余儀なくされる。

こうした事態が恒常化しているので，いかにうまく選考を切り抜けて，入所を勝ち取るかが，保護者の大きな課題となり，そうした活動が保活と呼称されるようになった。保活の結果，「保育園に受かった」「落ちた」と，人々の中で会話されるようになっている。

こうした状況の中で，保護者は，自治体行政のあり方や，その責任を追及する声を上げるようになる。その場合，選考の仕組みや，その運用の仕方の理不尽さに目を向けられることが多い。

---

(1) 厚生労働省保育課長通知「保育所等利用待機児童数調査について」（雇児保発 0331 第 6 号，2017 年 3 月 31 日）。

待機児童問題などを報じるマスコミがよく採り上げているテーマとして，自治体における選考基準への批判がある。自治体の多くは，保護者の勤務や家族などの多様な状況を点数化し，その合計点数をもとに保育の必要度を比較し選考を行っている。例えば，入所申請にあたって，認可外施設への入所の実績があることで加点する仕組みを持っている自治体がある。また，保護者の勤務形態によって点数に差をつけることも一般的に行われている。外勤フルタイム勤務の両親の基準点が，母親が家内労働のそれより高いといった基準である。家内労働であれば，育児との両立は比較的容易との判断があるようだが，個々の家族が抱えている状況を客観的に比較できるかという問題がある。

きょうだいの入所に関わっても，上の子と同じ施設に下の子も入所できるようにと，きょうだい加点が制度化されている例もある。保護者の負担軽減を考えればきょうだいが同じ施設で保育を受けられることは望ましい。しかし，その加点がなければ入所できたはずの子の家族の立場を考慮すれば，悩ましい問題となる。

また，当該自治体における居住年数の長い住民に加点を加える例もあるが，新規住民を軽視することに疑問の声も多い。

不合理な仕組みは是正されるべきである。そのために住民が，その仕組みに注目し意見表明するのは，住民自治の観点からも必要な取り組みである。しかし，極端な話，どのような尺度・基準を設定して保育の必要性を測ったとしても，異なる事情をかかえた個々の家庭の保育の困窮度を，客観的に順位づけて，しかも当人の納得を得ることなど不可能であろう。

やはり，基本的には保育を必要とするすべての子どもが入所できる状況をいかに実現するかが重要であり，そのために行政は責任を果たすべきと考える。

4 保育の継続に関わる問題

(1) 育休退所

育休退所とは，下の子の育児休業の取得を理由に，保育を受けていた上の

子どもを退所させることである

保育の必要性があると認定された子どもについて，保育を行うことが新制度の基本である。自治体によっては，育休取得を契機に，保育を受けていた上の子の保育の必要性がなくなったとされ，上の子を退園させる場合がある。

国は，子ども・子育て支援新制度の「自治体向けFAQ」（第16版，No.30）において，「①次年度に小学校入学を控えているなど，子どもの発達上環境の変化に留意する必要がある場合，②保護者の健康状態やその子どもの発達上環境の変化が好ましくないと考えられる場合など市町村が児童福祉の観点から必要と認めるとき」は，上の子の継続保育を認めるとの判断を示している。しかし，市町村によっては，多くの待機児童の存在を理由に，特に上の子が3歳未満児の場合，退園を迫るケースがある。保護者からすると，①育児休業は下の子ために取得するので，上の子のためではない，②慣れ親しんだ保育を突如中断させることは保護者としての忍びない。③一度退園となれば，下の子の入園の際に再度上の子が同じ園に入所できる保証はない，等の主張がなされている。まるで，下の子が生まれたことにペナルティーを課せられたようで，少子化対策の方向性とも矛盾しているとの声も多い。

この問題が社会的に採り上げられる中で，制度そのものを廃止する市町村が増えたが，固執しつづける自治体も少なくない。

(2)　利用期限付きの入所決定と退所

入所後も，選考によって保育を利用できなくなる事態が生じる。沖縄県下の自治体でそのようなことが起きているとの報道が，2017年になされた。同県内の複数の市町村で，保育所入所に1年間という期間設け，入所した園児を1年後に新規の入所申込み児童と一緒に入所選考（「在園児選考」）を行い，その中で優先度が低いと判断されれば，今まで保育を受けていた子どもが退園となる。

こうした仕組みも，保育の受け皿の少なさから発生する問題である。この仕組みを取り入れる自治体は，保育の必要性の高い子をいかに公平に選考することが市町村の仕事であるとして，保育所等を整備して受け皿を増やすという課題が後景に追いやられているようだ。

(3) 施設の統廃合，認定こども園化による退所

近年，公立幼稚園や保育所の統廃合や，民営化，さらに公立に限らず，私立施設でも幼稚園・保育所から認定こども園に移行することなどが，行われるようになっている。

例えば公立保育所の民営化（私立園として設置）する場合，公立保育所として廃止されたうえで，新規に私立保育所が設立されることになる。一見すると在園児の保育が継続されるので，問題がないようにみえる。しかし入所児からすれば，公立保育所において就学前までの期間保育を受けることが約束されていたものが一旦打ち切られることを意味する。さらに，新たに設置される私立保育園に入所することになるが，保育が継続されるといっても，保育者など全職員が入れ替わり，保育体制が大きく変わるのだ。こうした重大な変更が十分な説明もなく，また同意を得ることもないまま進められ，適正な法的手続きがなされていない例が多いようだ。

1997年の児童福祉法改正によって，小学校就学前まで，選択した保育所で保育を受けることが保護者の権利として認められるようになった，と解されている(2)。この点から言えば，公立保育所の廃止は，権利侵害といえる。

同様に，公私限らず保育所から認定こども園への移行についても問題はある。保育所入所については，児童福祉法24条1項に基づき，市町村の行政処分として入所していたものが，いったん解除（すなわち退所）となり，新たに児童福祉法24条2項に基づいて，認定こども園と契約を結ぶことになる。在園児からすれば，保育の継続がなされるとはいいながら，法的地位が変更される点について適正な対応がなされるとは言い難い。

5 権利としての保育

待機児童問題が一向に解決しない中で，2013年には，保護者が行政対応

(2) 田村和之『保育所の民営化』（信山社　2004年）26頁。

の遅れに組織的に異議を唱える動きが，マスコミに大々的に報道されるようになった。

その代表例として，入所申請に対して不承諾（保留）とされた杉並区の保護者らによる集団的な行動がある。杉並区では，この年申請者の2／3にあたる約1800名もの不承諾者を出した。こうした状況を生んだ区に対し，不承諾通知を受けとった保護者が集団で，行政不服審査法に基づく異議申し立てをおこなったのである。こうした動きは，都内の他の区市や近県市にも広がりをみせた。以降，毎年2～3月になると，同様な行動が展開されるようなった。

2016年度には，東京三鷹市の保護者が，訴訟をおこしたケースが報道された。この事案は，保育所入所不承諾を受けた母親が，異議申し立てを行たうえで，不承諾決定は違法として三鷹市を相手に損害賠償請求の訴えを起こしたものである。結果，その訴えは退けられることになる。

待機児童数は高止まり状態にあり，保護者の不満・不安は減じているとはいいがたい。先にみたように法的手段に訴える動きはあるものの，それは散発的なものに留まっているようだ。状況の打開を法的手段に求めたところで，実効性を伴う結果をえることができないとの判断が，国民的な理解になっていると推測される。また，訴えられても，行政が責任を問われることはないとの認識が自治体間に広まれば，結果として待機児童解消のための行政努力は，切迫さを欠いてしまい，問題解決が先送りされることが危惧されている。

さらに，保育の継続が断たれたりする問題や，民営化や施設種の変更時における手続きの問題につても，保育における権利性を明確であれば，そのあり方も大きく変更が迫られるだろう。

今こそ，保育を受ける権利を法的に強固に打ち立てることが必要である。

2 市町村における「保育利用」行政の実態，課題

田村和之

2015年4月より子ども・子育て支援関連3法が施行され，新保育制度が実施された。これにより，保育所や認定こども園の入所・利用の法的・行政的の仕組みが改革され，また，新たに地域型保育事業（家庭的保育事業，小規模保育事業，居宅訪問型保育事業，事業所内保育事業）が法定化され，これらの利用も「保育の利用」とされ，その仕組みが定められた。

ここでは，新保育制度におけるこれらの保育施設・保育事業の入所・利用（以下では「保育利用」ということがある）の仕組みとこれを実施する市町村行政の実態と問題点を検討する。

1 保育利用の要件

保育所の利用要件は，新保育制度に以降する以前の「保育に欠けるところがある場合」（改正前の児童福祉法24条1項。以下では「保育に欠ける」という）から，「保育を必要とする場合」（改正後の同法24条1項）に改められた。後者は，地域型保育事業の利用の要件でもある。この保育利用の要件は，具体的には子ども・子育て支援法施行規則1条で10項目にわたり，次のように定められた。

第1条　子ども・子育て支援法（以下「法」という。）第19条第1項第2号の内閣府令で定める事由は，小学校就学前子どもの保護者のいずれもが次の各号のいずれかに該当することとする。

一　1月において，48時間から64時間までの範囲内で月を単位に市町村（特別区を含む。以下同じ。）が定める時間以上労働することを常態とすること。

二　妊娠中であるか又は出産後間がないこと。

三　疾病にかかり，若しくは負傷し，又は精神若しくは身体に障害を有していること。

四　同居の親族（長期間入院等をしている親族を含む。）を常時介護又は看護していること。
五　震災，風水害，火災その他の災害の復旧に当たっていること。
六　求職活動（起業の準備を含む。）を継続的に行っていること。
七　次のいずれかに該当すること。
イ　学校教育法（昭和22年法律第26号）第1条に規定する学校，同法第124条に規定する専修学校，同法第134条第1項に規定する各種学校その他これらに準ずる教育施設に在学していること。
ロ　職業能力開発促進法（昭和44年法律第64号）第15条の7第3項に規定する公共職業能力開発施設において行う職業訓練若しくは同法第27条第1項に規定する職業能力開発総合大学校において行う同項に規定する指導員訓練若しくは職業訓練又は職業訓練の実施等による特定求職者の就職の支援に関する法律（平成23年法律第47号）第4条第2項に規定する認定職業訓練その他の職業訓練を受けていること。
八　次のいずれかに該当すること。
イ　児童虐待の防止等に関する法律（平成12年法律第82号）第2条に規定する児童虐待を行っている又は再び行われるおそれがあると認められること。
ロ　配偶者からの暴力の防止及び被害者の保護等に関する法律（平成13年法律第31号）第1条に規定する配偶者からの暴力により小学校就学前子どもの保育を行うことが困難であると認められること（イに該当する場合を除く。）
九　育児休業をする場合であって，当該保護者の当該育児休業に係る子ども以外の小学校就学前子どもが特定教育・保育施設又は特定地域型保育事業（以下この号において「特定教育・保育施設等」という。）を利用しており，当該育児休業の間に当該特定教育・保育施設等を引き続き利用することが必要であると認められること。
十　前各号に掲げるもののほか，前各号に類するものとして市町村が認める事由に該当すること。

以上のように，保育利用の要件はかなり具体的に定められている。これらの10項目の要件は従前も「保育に欠ける」とされていたものであるが（児童福祉法施行令・市町村条例に定められたほか，厚生労働省通達に示されていた），これまでと異なるのは，「子どもの保護者」の状態について定めている点である（本条柱書）。すなわち，従前の「保育に欠ける」は，保護者または

「同居の親族その他の者」が子どもを保育できない場合とされていたが（新保育制度移行の直前の児童福祉法施行令27条），現行の本条1条では，「保育を必要とする場合」を保護者（だけ）の状況に着目して定めている。したがって，新保育制度では，同居の親族（たとえば子どもの祖父母）やその他の同居人がいるから保育利用の要件を欠くとされるようなことはなくなった。

市町村が独自に保育利用の要件を定めることができる余地は，相当に狭められている。本条10号は，市町村は独自に前各号に類するものを保育利用の要件とすることができるとしている。この独自要件として，「死亡，離別，行方不明又は拘禁の状態にあること」「知的障害を有していること」など定める市町村がある。また，本条1号は具体的な就労時間を「1月において，48時間から64時間までの範囲内で月を単位に」市町村が定めるとしている。「48時間」と定める市町村が多いが，「30時間以上」としているところもある。

2 保育利用開始の月齢

児童福祉法24条1項によれば，市町村は乳児・幼児を保育所で保育する。乳児とは「満1歳に満たない者」（同法4条1項1号）をいうから，0歳児は当然保育利用ができる。

乳児は保育所保育の対象にしないとか，○○か月以上児でなければ保育所に入所できないとする市町村がこれまでもあったが，新保育制度実施後もこうした例がある。だが，乳児すべてを保育所保育の対象としないのは，明らかに違法である。入所できる月齢を3か月とか5か月などとする市町村もあるが，労働基準法65条は産後8週間を産後休暇としているのであるから，この期間を過ぎた場合，乳児は「保育を必要とする場合」に該当すると考えるべきである。

市町村のなかには，公立保育所では0歳児を保育しないが私立保育所で受け入れて保育するので問題ないとしているところがあるが，言い逃れというほかない。

3　保育所入所・利用の申込み

これまでは，保護者が保育所入所を申し込むと，市町村は㋐入所要件に該当するかどうか，㋑定員などの関係を考慮して入所させることができるか，の2点を判断して，入所決定を行っていた。

新保育制度ではこの2点が，別々の手続きにより行われることになった。㋐については「支給認定」（子ども・子育て支援法20条1項～3項）という手続き（支給認定申請）により行われる。すなわち，保育所入所・利用の要件である「保育を必要とする場合」とは，子ども・子育て支援法19条1項に定められている「子どものための教育・保育給付」の支給要件に該当している場合であるので，㋑の判断は支給要件に該当していると判断された子どもについて行われることになった。もともとは保育所入所に関する手続きとは別個に構想されていた支給認定を，保育所入所について「活用」したわけである(1)。

しかし，現在，ほとんどの市町村はこの2つの手続きを事実上一体的に行っている。すなわち，支給認定申請と保育所入所申込みを一枚の用紙を用いて「同時に」行っている。このような手続きのあり方は，法律が想定したものとは異なり，便法のようにみえるが，手続きの「効率化」を図るという意味で，うなずけないわけではない

4　保育所以外の保育利用の申込み

前述のように，改正児童福祉法には4種類の地域型保育事業が定められた。支給認定を受けた子どもが地域型保育事業を利用したとき，保護者は地域型保育給付費を受給できる（子ども・子育て支援法29条）。

---

(1)　支給認定は，子ども・子育て支援法が「子どものための教育・保育給付」（具体的には「施設型給付費」「地域型保育給付費」などの支給をいう。同法11条）の受給要件を認定するための手続きとして，定めたものである。したがって，それはもともと保育所入所申込みとは別個の手続きである。ところが，子ども・子育て支援関連3法の制定過程で児童福祉法の改正法案に修正がほどこされ，その第24条1項が現行規定のように改められた結果，支給認定を受けていることが保育所入所・利用の要件とされたのである。

地域型保育事業の利用は，保護者が地域型保育事業所に利用を申し込み，当事者間で合意（契約）が成立したことによるとされる。したがって，地域型保育事業の利用にあたり市町村が関わる手続きは，支給認定のみである。ところが，現在，多くの市町村では，保育所入所の申込みと地域型保育事業の利用の申込みを区別せずに，一つの申込書で行い，地域型保育事業の利用の決定を行っている。しかし，地域型保育事業の利用は利用者と事業者の間で決定されるものである（いわゆる直接契約）とすれば，市町村による利用決定は法律に根拠のないものであり，法的には無意味である（法的効果は発生しない）というほかない。しかしながら，実際にはこのような行政実態が広く見られる。

市町村には，児童福祉法24条3項（同法73条1項により読み替えられる）により，保育所，認定こども園，地域型保育事業の利用について調整を行う権限が与えられているので，この権限の行使により地域型保育事業の利用決定を行うことができるとする見解があるかも知れない。しかし，同項の定める市町村の権限は「調整」と「利用の要請」にとどまり，法的効果を有する地域型保育事業の利用決定ではない。市町村内にある保育所，認定こども園および地域型保育事業所には限りがあり，これらの利用を円滑に行うには，市町村が利用の調整を行うだけでなく，調整した結果に基づき利用の決定を行うのが合理的であるという考え方があり得るが，市町村に法的効果を有する利用決定（行政処分）を行う権限があるとするには，法律の根拠が必要である。

このように考えると，市町村に対して認定こども園や地域型保育事業の利用申込みを提出させ，市町村が利用決定を行うのは，法律に根拠のない違法行政である。新保育制度は，市町村における実施過程において深刻な矛盾に陥っているというほかないが，市町村行政の現場からすれば，このように保育利用の申込みと利用決定を行わなければ，市町村内の保育施設・保育事業の効果的・効率的な利用を図ることができないということであろう。

5　保育所入所の選考（調整），申込み拒否理由の提示

保育所などの保育施設・事業が不足する状況において，入所・利用申込者の数が，利用定員を超えている場合，市町村は優先順位の選考（調整）を行う。この選考にあたり，市町村は基準を策定し，これを公表しなければならない（行政手続法5条）。最近では，多くの市町村が指数化（点数化）した選考基準を策定・公表している。選考基準は行政の内部的文書とされる要綱に記載する市町村が多いようであるが，住民がいつでも目にすることができる条例または規則で定めるのが望ましい。

深刻な保育所不足の状態にある市町村では，選考基準（指数）の定め方および適用のあり方により入所の可否が決まるので，その内容と運用の在り方は住民にとって大きな関心事である。選考基準の内容（指数化のしかた）が合理的であるかどうかは法的な問題になるが，その当否の判断は容易でない（行政による裁量に委ねられているとされる部分が大きいからである）。選考基準の適用を誤って行った入所・利用決定（行政処分）は，裁量権の濫用として違法となる（裁判や審査請求で取り消される）。

入所・利用の申込み（申請）を拒否したとき，市町村はその理由を提示しなければならない（行政手続法8条）。拒否理由の提示制度の趣旨は，行政庁の判断の慎重・合理性を担保してその恣意を抑制し，また，申請者に処分理由を知らせ不服の申立てに便宜を与えるものである。理由の提示の程度について，最高裁はいかなる事実関係に基づきいかなる法規を適用して拒否処分をしたかを申請者が理解できるものでなければならないとしている（昭和60年1月22日判決，民集39巻1号1頁）。このように考えれば，単に「定員等に余裕がないため」とか「利用の優先順位が低いため」といった程度の理由の提示は不十分であり，行政手続法8条違反である。

最近，保育所入所申込み拒否処分で示された拒否理由の記載の程度が不十分であるとして，行政不服審査法による審査請求の裁決で，これを取り消した例が散見される（総務省ウェブサイト「行政不服審査裁決・答申検索データベース」）。

6 保育所入所申込みに対する「内定」通知

東京都内の区市町村に多くみられるが，保育所入所申込みがあったとき，とりあえず当該保育所への申込みを「認める（入所できる)」または「認めない（入所できない)」と通知するところがある。この通知は申込みに対する市町村の最終的な判断・決定（行政処分）ではないので，「内定」と呼ばれることが多いようである。内定制度は，保護者が選択しなかった他の保育所であれば入所できる可能性があるなどとして，改めて保育所を選択する機会を与えることなどを目的としていると考えられ，それなりの合理性がある。

内定は行政処分でないとする区市町村が多いようであるが，保護者が申し込んだ保育所について入所決定できないと判断し，そのことを通知しているのであるから，行政処分と考えるべきである。

7 入所・利用の期間

保育所の入所・利用の決定にあたって入所期間を付けることは，たとえば「妊娠中であるか又は出産後間がない」あるいは「震災，風水害，火災その他の災害の復旧に当たっている」場合（子ども・子育て支援法施行規則1条2号・5号）など，合理的にみて一定の期間内にこれらの事由が消滅すると考えられるときは理由があるだろう。定められた期間が経過したのちも，これらの事由が消滅していないときは，期間の延長・更新を図る必要がある。

一部の市町村では，保育所入所決定にあたり一律に「1年間」といった入所期間を付けているようであるが，合理性に疑問がある[(2)]。

保育所入所の要件の認定である支給認定は，子ども・子育て支援法19条1項の2号（3歳以上児）または3号（3歳未満児）に該当するかどうかの認定である。そして，同項3号に当たるとの支給認定の有効期間は，3歳の誕生日の前々日までである（同法21条，同法施行規則8条8号)。

保育所入所期間を支給認定の有効期間に限定すると，3歳未満児の入所決

(2) 保育所入所決定に期間を付けること（入所期限付入所処分）については，本書第5章参照。

定については３歳の誕生日の前々日までという入所期間を付けることになる。しかし，保育所入所期間と支給認定の有効期間とは別個のことがらであるから，「支給認定の有効期間まで」といった入所期間を付ける必要はない。念のために付け加えれば，３歳未満児としての支給認定の有効期間を過ぎた子どもは保育所入所要件を欠くことになるので，新たに２号該当を理由とする支給認定を受けなければならないことはいうまでもない。

8　保育利用の要件の消滅

保育所などの入所・利用の途中に保育利用の要件が消滅することは（保護者の離職，同居親族の介護・看護事由の消滅の場合など），実際問題として生じ得ることである。このような場合はもはや「保育を必要とする場合」ではない（保育利用の要件を満たしていない）と考えれば，園児の退園は避けられないということになる。いわゆる保護者の育児休業を理由とする退園もこの例である。このような事態は，現行の保育利用の要件が保護者の状態に着目して定められているために生じるのであり，適法な行政活動であるといえるだろう(3)。

この事態を子どもの側から見ればどうなるであろうか。子どもは親の事情により突然集団保育から切り離され，その発達および生活のうえで小さくない否定的影響を受けるだろう。現行の保育利用の要件のもとでは，いかんともしようがない問題であるとすれば，園児退園（保育利用からの排除）にあたっては柔軟な運用を求めるほかない(4)。

---

(3)　いわゆる育休退園問題については，本書第４章参照。

(4)　保育所入所要件について，従前の児童福祉法 24 条１項には「保育に欠ける」と定められていたが，改正後の現行の同項は「保育を必要とする場合」に改めた。後者の文言を子どもの生活や発達の上で「保育を必要とする場合」と理解することは十分に可能であるが，前述のように，結局は従前と同様の考え方を前提として子ども・子育て支援法施行規則１条が定められたということができる。同条の改正が必要である（法律の改正は不要である）。

なお，育休退園にかかわって「自治体向けFAQ」（第 16 版，No.30）は，「子どもの発達上環境の変化に留意する必要がある場合」など，「市町村が児童福祉の観点から必要と認めるとき」は，退園させず継続利用させることができる旨を述べている。

9 保育所などの不足

依然として待機児童がなくなっていない。保育利用について行政責任を負っている市町村が，待機児童を生まないよう必死に努力しているといってよい。また，政府は「待機児童ゼロ作戦」や「待機児童解消加速化プラン」を策定して，保育利用の要件を充足し，保育利用を希望している子どもが「待機児童」にならないよう努力しているという。しかし，結果からみれば，それらの努力は掛け声倒れに終わっている。新保育制度移行後，保育利用の権利が争われた唯一の裁判と思われる三鷹市保育所入所拒否損害賠償請求裁判（本書第3章参照）の東京地裁立川支部2016年7月28日判決，控訴審の東京高裁2017年1月25日判決（いずれも『賃金と社会保障』1678号）は，住民の保育利用について市町村が負う責務は努力義務にとどまると判断した(5)。

問題の解決のためには，保育施設・保育事業による「保育供給」量を抜本的に増加させるしか方法がないのは明らかである。しかし，筆者からみると，待機児童の解消は政治的努力義務にとどまっており，政府も地方自治体も，結局のところ，できる範囲で努力すればよいと考えているように見える。これでは，待機児童解消は本物にならないのではないか。

保育供給量の抜本的な増加を図るための行政的・財政的な仕組みを構築する必要があるが，それとともに，法的な仕組みも整備しなければならないと考える。この課題は本書の目的そのものであるので，ここではこれ以上議論しない。

10 保育所の廃止に伴う退園

2000年代に入り，各地の市町村で公立保育所の廃止・民営化が進められている。公立保育所が廃止されれば，その入所中の園児は退園を迫られるから，当該保育所の利用を阻害される。横浜市立保育所廃止裁判最高裁2009年11月26日判決（田村和之ほか『保育判例ハンドブック』）によれば，「保育

意味深長である。

(5)　この裁判と判決については，本書第3章参照。

所入所の承諾期間（保育の実施期間）を小学校入学日の前日までとする」といった保育所入所決定が行われた場合，園児は当該期間中，当該保育所を利用できる法的地位を保障されているとの判断を示した。したがって，当該保育所に保育の実施期間の残っている園児がいるにもかかわらず，その保育所を廃止し，園児を退園させたことは違法である(6)。

新保育制度の実施を契機に，保育所や公立幼稚園を廃止し，新たに幼保連携型認定こども園を設置し，保育所に入所中の園児を幼保連携型認定こども園に「転園」させる動きがみられる。幼保連携型認定こども園は児童福祉法および認定こども園法の改正により新たに定められた児童福祉施設であり，教育と保育を一体的に行うものであるが（同法39条の2，認定こども園法2条7項）。保育所と幼保連携型認定こども園は目的を異にするものであるから，保育所廃止（園児は当然に同保育所から退園することになる）・幼保連携型認定こども園への転換にあたっては，慎重な検討・考慮（保護者の理解，転園に伴い園児に生じる否定的な影響の防止・軽減など）が求められる。

11　おわりに

次のことを指摘してまとめに代えたい。

市町村行政をみると，保育所や保育事業による保育の供給量が十分である場合，住民は保育所入所・保育利用の請求を法的な権利として行使できるが，客観的にみて供給量が足りない場合は，待機児童が発生しても致し方ないとされている。そうだとすると，保育利用は行政の政治的・道義的な努力目標・義務でしかない。言い換えれば，保育利用は，住民の法的権利となり得ていないのである。

このような状況を克服できない限り，待機児童問題の真の解決はないのではないだろうか。

---

(6)　保育所の廃止・民営化について，くわしくは田村和之『保育所の廃止』（2007年，信山社）を参照されたい。

3　三鷹市保育所入所拒否損害賠償請求裁判

田村和之

2017（平成29）年1月25日，東京高裁は保育所入所申込みで落ちた母親が提起した損害賠償請求の訴えを退ける判決を出した（『賃金と社会保障』1678号64頁）。

この裁判は，東京都三鷹市に居住する母親が子どもの保育所入所申込みを行ったところ，同市長が不承諾（申込み拒否）を決定したので，これを違法であるとして提起したものである（弁護士を代理人に選任せずに行った「本人訴訟」である）。筆者の知る限りでは，2015年4月の新保育制度の実施後，保育所入所申込み拒否が裁判で争われた最初の事例である。本件は母親が一人で争ったものであるが，その提起された問題を真摯に受け止め，法的な考察を行うことにしたい。

1　裁判のあらまし

2015年4月実施の新保育制度のもとでは，子どもを保育所に入所させようとするとき，保護者は，居住地の市町村に対し「保育の必要性の認定」申請（子ども・子育て支援法20条1項）と「保育利用希望の申込み」を行う。前者の申請が認められると，区市町村は「支給認定証」を交付する（子ども・子育て支援法20条4項）。支給認定証は「保育の利用」（施設型保育や地域型保育の利用）資格があることの証明書であり，これを所持しているからといって，直ちに保育施設などが利用できるわけではない。特定の保育施設などを利用するためには，支給認定証を所持していることを前提に，さらに「保育の利用の申込み」を行う必要がある（ただし，実際の行政では，保育必要性の認定申請と保育利用の申込みとは，同時に行われているようである）。

この裁判の原告の母親は，2014年7月生まれの子どもを翌年4月より保育所に入所させるため，2014 年 11 月に三鷹市長に対し「保育給付の支給認定」申請をするとともに，保育所入所申込みをした。同市長は，2015 年 1 月 30 日，「支給認定証」を交付したが，同年 3 月 25 日，保育所入所不承諾を決定した（本件処分）。母親は，行政不服審査法に基づき異議申立てを行ったが棄却されたので，2016 年 2 月，不承諾決定は違法であるとして，同市を被告とする損害賠償請求の訴え（国家賠償請求裁判）を提起した。

2　東京地裁立川支部判決

2016(平成 28)年 7 月 28 日の東京地裁立川支部判決（『賃金と社会保障』1678 号 61 頁）は，原告の請求を棄却した。その理由は次のとおりである。

① 支給認定証の交付は「保育所等の利用の前提としてなされるものであって，支給認定がなされたすべての児童について，被告（三鷹市）に保育所等での保育を義務付けるものではない」

② 「児童福祉法は，市町村は保育を必要とする児童を保育所等において保育しなければならない旨を規定しており，市町村がかかる『責務』を負っていることは疑いないところである。しかし，かかる責務は，市町村がその財政的状況と人的物的資源のもとで保育の実施について最善を尽くす当該市町村の住民に対する責務であって，すべての保育を必要とする児童を保育する義務を個々の住民に対して負う趣旨のものではない。」

③ 被告の三鷹市は，「平成 15 年度から市内の保育所等の定員を増加させる措置を採り，実際に定員は増加している。待機児童の問題は未だ解消に至っていないが，これは三鷹市内の保育を必要とする児童が年々増加していることによるものであり，被告は，このような状況下で，定員を超える申込みがあった場合には，客観的な選考基準に基づき選考をした上，保育を受ける必要性の高い児童を優先的に入所させる仕組みを設け，選考で入所できなかった児童には二次選考の案内をすることで，保育を必要とする児童に対し，幅広く保育所等での保育を受ける機会を与えており，個々人の保育の必要性に応じた適切な利用調整を行っていると認められる。」「被告の職員は，原告の申込みについて一次選考および二次選考を通じて，本件選考基準に基づき入所の可否を判断しており，その過程に不合理な点は認められないから，市町村として……できる限りの責務を果たしたと認められる。」

判旨①については，筆者も同じように考える。

判旨②が，この判決の最大の問題点である。本判決によれば，児童福祉法24条1項に定められている保育を必要とする児童を保育する市町村の「責務」は，「保育の実施について最善を尽くす」という住民に対する責務であって，個々の住民に対して負う責務ではない，という。このような考え方によれば，市町村は，個々の住民に対し「保育を必要とする児童を保育する義務」を負うものでなく，「保育の実施について最善を尽く」しさえすればその責務をはたしたことになる。

これでは，市町村の「保育の実施」義務（判決は「責務」という）は，「最善を尽くす」という道義的・政治的な義務（努力義務）でしかなく，いかなる意味でも，市町村に対する子どもの保育を受ける権利は認められない（成立しない）ことになる。そうだとすれば，児童福祉法24条1項は単なる理念規定でしかないことになる。

改正前の児童福祉法24条1項のもとで，保護者およびその子どもは市町村に対し保育所入所を請求する権利を有するとする理解は確立したものであり，裁判例も同様であった。改正後の現行規定により理解に変更が加えられたということも聞いたことがない。判旨②はこのような確立した理解を知らずに出されたものと推測されるが，稚拙としかいいようがない。

判旨③は，被告の三鷹市による保育所入所選考における裁量に誤りはないというものである。この点については論評の限りでないが，判旨②のような考え方をとれば，本来，判旨③は判断する必要がないことであったはずである。

原告の母親が東京高裁に控訴した。

3 東京高裁判決

東京高裁は，第一審判決の判旨②および判旨③を改め，次のように判示した。

㋐「児童福祉法は改正前後を通じて，市町村が，定員を上回る需要がある場合に調整を行い，その結果として保育の必要性がありながら保育所の入所が認められない児童が生じるという事態を想定しているものと解されるから，被控訴人（注，被告・三鷹市）において，保育所の定員を上回る需要があることを理由に，控訴人（注，原告・母親）の希望する保育所への入所を不承諾とする本件処分を行ったとしても……児童福祉法24条1項の義務に違反したということはできない。」

㋑「控訴人は，被控訴人が需要に足りる保育所の整備を怠ってきた違法があると主張するが，児童福祉法及び支援法（注，子ども・子育て支援法）は，保育を必要とする児童に対する市町村の責務を果たすための具体的な施策については，各地域の実情や財政状況を踏まえた，市町村の政策的，裁量的判断に基づくことを前提としているものと解されるところ，児童福祉法24条1項も，改正前後を通じて，市町村に対して，保育所への入所を希望するすべての児童が入所できるだけの保育所の整備を一義的に義務づけているとは解しがたく，……被控訴人に児童福祉法及び支援法の趣旨を没却するような著しい懈怠があるとは認められ」ない。

㋒「控訴人は，被控訴人が，認定こども園等への入所のあっせん等，改正後の児童福祉法24条2項が求める必要な措置を講じておらず，被控訴人の不作為は明らかであるとも主張する。しかし，控訴人が被控訴人に対し認定こども園等への入所を申し込んだと認めるに足りる証拠はなく，したがって被控訴人があっせんを行っていないことをもって違法とすることはできない。また，控訴人の主張が，被控訴人が同条2項に基づく保育を確保するための体制を整備する義務を怠った違法があるという趣旨であるとしても，被控訴人に同条2項の趣旨を没却するような著しい懈怠があることを裏付けるに足りる証拠はない。」

判旨㋐によれば，児童福祉法24条1項は2015年4月改正の前後を通じて「保育の必要性がありながら保育所への入所が認められない児童が生じる」事態を想定しているという。しかし，改正前の同法24条1項にはただし書が定められており，かりに定員不足等により保育所に入所させることができないときであっても，市町村は「適切な保護」義務から免れられない仕組みになっていた。ちなみに，さいたま地裁2004(平成16)年1月28日判決はこの趣旨を認め，保育所入所を申し込んだ子どもについて，保育所入所だけでなく「適切な保護」も行わなかった川越市に対して損害賠償を命じた（『判例地方自治』255号78頁）。

改正後の児童福祉法24条1項にはただし書は定められていないから，市町村には「適切な保護」を行う義務は課せられていない。言い換えれば，新保育制度のもとで市町村に課せられている保育義務は，保育所の定員（受入れ可能数）の範囲内でのものであり，定員不足等の場合，市町村は適正に入所者を選考しなければならないが，選考の結果保育所に入所させられない子どもを出しても，保育義務の違反は生じない。このような意味において，東京高裁は，現行児童福祉法24条は，保育所入所要件を満たしている子どもを入所させることができないことを想定内であるといっているのであろう。このように理解すれば，改正後の同法24条1項は改正前より市町村の保育義務を弱くしたことになる。このような理解でよいかどうかについては，次の項目で検討することにしたい。

ところで，判旨㋐を前提とすれば，「(児童福祉法）は改正前後を通じて，市町村に対して，保育所への入所を希望するすべての児童が入所できるだけの保育所の整備を一義的に義務づけているとは解しがた」いという判旨㋑は，うなずけないわけではない。しかし，筆者は，つとに改正前の児童福祉法のもとでも，市町村に保育所設置整備義務が課せられていると考えている。

判旨㋒によれば，原告（控訴人）の母親は三鷹市（被告，被控訴人）に認定こども園や家庭的保育事業等の入所・利用を申し込んでいないから，同市が「必要な保育を確保するための措置を講じ」ていないことを違法とすることはできないという。確かに母親は三鷹市に提出した「保育園等入所申込書」の「入所を希望する保育所等」欄に第1～第4希望まで4か所の保育所の名称を書いただけで，その他の保育所や認定こども園等の名称を記入していない（この欄には第4希望まで希望園等名を記入できるスペースが用意されていた)。このことをもって，東京高裁のように母親は認定こども園等への入所を申し込んでいないと判断するのはいかがなものであろうか。

東京高裁は，判旨㋒のように，児童福祉法24条2項の趣旨を没却するような著しい懈怠が三鷹市にあったといえないとする。しかし，本判決は，同項の義務の内容について検討しているわけでなく，また，どのような事実をとらえて，このように結論づけたのかも明らかでない。

以下では，東京高裁判決にみられる以上のような諸問題について，項目をあらためて，順次検討する。

4　市町村の保育義務――児童福祉法24条1項

東京高裁は，児童福祉法24条1項によれば，市町村は保育所の定員（受入れ可能数）の範囲内で保育の必要性がある子どもを保育所に入所させる義務を負うが，定員不足等の場合，入所者を適正に選考し，その結果入所させられない子どもが出ても，保育義務の違反は生じないという。

このような理解は，同法の改正の際の提案者の説明，および，それを踏まえた政府の見解とも異なる。民主党政権が，新保育制度を導入するために国会に提出した保育新システム法案では，市町村の保育の実施義務を定める規定はなくなっていたが，これに対して強い批判が起こり，2012年6月15日のいわゆる3党合意（与党の民主党と野党の自民党・公明党の密室協議による）により復活した。すなわち，3党の「社会保障・税一体改革に関する確認書(社会保障部分)」には，「市町村が児童福祉法第24条に則って保育の実施義務を引き続き担う……」と書かれ，市町村は，それまでと同じように保育の実施義務を担うとされた。3党合意に基づき，保育新システム法案を大幅に修正する「修正法案」が，議員提案の形で国会に提出され，これが成立法となった（児童福祉法24条1項も修正のうえ成立した)。この規定について，修正法案提出者の和田隆志衆議院議員は，「児童福祉法については，現行どおり，第24条第1項に基づき，市町村が保育の実施義務を担うこととする」と説明した（参議院社会保障と税の一体改革に関する特別委員会2012年7月13日)。

2012年6月から8月にかけて，衆議院および参議院の本会議および特別委員会で修正法案が審議されたが，国会では修正された児童福祉法24条1項はそれまでと同じように市町村の保育の実施義務を定めた規定であると理解されている。

改正法の公布直後の2012年9月18日，内閣府は「地方自治体職員向けQ&A」を公表し（同府ウェブサイト)，次のような見解を示した。

「Q「児童福祉法第24条第1項は残ることになりますが，市町村の保育の実施義務が後退することはないと考えてよいのでしょうか。」

A「児童福祉法第24条第1項に規定されている保育所の保育に関しては，新制度の下でも，引き続き，現在の制度と同様に，市町村が保育の実施義務を担うことにしました。

これにより，保護者が保育所での保育を希望する場合は，現在と同様，施設ではなく市町村に申し込み，保護者が市町村と契約して利用する仕組みになります。また，私立保育所に対しては，保育の実施義務を担う市町村から委託費が支払われ，保育料の徴収も市町村が行うこととします。（以下略）」

つまり，市町村の保育の実施義務は維持されただけでなく，さらに「強化」されたと理解されているのである。

かりに現行児童福祉法24条1項が本判決のようにしか理解できないとすれば，市町村の保育の実施義務は弱体化させられたというほかなく，上記のような国会における修正法案提出者や内閣府のQ&Aは誤り（「偽り」といったほうがよい）であったことになる。このような結論に至る本判決のような改正法の解釈・理解は，到底許容できない。

5 市町村の保育所整備義務

東京高裁は，「保育所の定員を上回る需要があることを理由に」した入所申込み不承諾決定は許されるとし，さらに，保育所整備は「市町村の政策的，裁量的判断に基づく」ものであり，「すべての児童が入所できるだけの保育所の整備を一義的に義務づけている」とはいえないとする。つまりは，「待機児童が生じるのはやむを得ない。法的にはどうしようもない」というわけである。

このような見解に対して，筆者は異論を抱いている。次のとおりである。

現行児童福祉法24条1項は，市町村に保育の実施を義務づけている。市町村はこの義務を履行するために，保育所を整備しなければならない（市町村の保育所整備義務）。市町村は，この義務を誠実に履行して，保育所に定員不足が生じないようにしなければならない。このように保育所整備がなされていないとすれば，保育の実施義務は絵に描いた餅となる。このように考えれば，市町村が保育所整備義務を誠実に履行せずに，保育所の定員不足を理由に入所を拒むことは，保育の実施義務違反であるということができる。

市町村の保育所整備は，「政策的，裁量的な判断に基づく」ものというようなものではなく，児童福祉法が求めるものであり，保育所の定員不足を生じさせてはならないとの制約のもとに置かれているものである。市町村は，就学前の子どもの数（中でも保育を必要とする子どもの数）の状況，親・保護者の就労などの状況，さらには財政状況を考慮して保育所を整備しなければならない。そこに裁量の余地がないとはいえないが，考慮すべき事項についての判断を誤り，保育所の整備が不十分で定員不足を引き起こしたとすれば，市町村は保育所整備義務の違反を問われることになるだろう。

東京高裁による保育所整備は「政策的，裁量的判断に基づく」との判断は，児童福祉法 24 条 1 項の市町村の保育の実施義務の意義を十分に検討せずに出したものといわざるを得ない。

ところで，実際問題として，保育所の定員が不足している場合に，入所申込みを断るのはやむをえないのではないか，という考え方があるかも知れない。しかし，このような場合でも，市町村が漫然と保育所整備を怠っている場合には，その責任が問われなければならない。そうでなければ，市町村の保育の実施義務は，たんなる理念・目標にとどまってしまう。

6　おわりに

最近，ドイツから興味深いニュースが伝えられた。これによれば，日本の最高裁にあたるドイツ連邦通常裁判所は，2016 年 10 月 20 日，わが子の保育委託先（保育ポスト）が見つからず仕事に復帰できなかった親に対し，被告の地方自治体（ライプチヒ市）は所得喪失分について損害賠償をしなければならないとの判決を下した。木下秀雄教授によれば，地方自治体は保育ポストの定員や財政的困難を理由にして子どもの保育責任を免れることはできない旨の判断をしたとのことである（本書第 6 章）。このドイツ連邦通常裁判所の判断は，児童福祉法 24 条 1 項の定める保育の実施義務の法的意味を理解するうえで，十分に参考にし得るものである。

ひるがえって我が国の判例をみると，2004 年 1 月 28 日のさいたま地裁判決（『判例地方自治』246 号，裁判所ウェブサイト）は，障害があることを理由に保育を行うことを拒んだ埼玉県川越市の保育義務違反（当時の児童福祉法24条1項違反）を認め，保護者の損害賠償請求を認めている。この判例は，必ずしも注目されてこなかったようであるが，見直される必要がある。

（付記）

本章は『保育情報』485号（2017年4月号）掲載の論稿を一部手直ししたものである。

4　育休退園と子どもの保育を受ける権利
──所沢市育休退園処分の執行停止決定を事例として

伊藤周平

1　問題の所在──3つの執行停止決定

埼玉県所沢市（以下，1～4までは「市」という）では，これまで，育児休業を取得した保護者に保育園（以下，法律上の用語の「保育所」で統一）の在園児（上の子）がいる場合は，利用継続申請書を提出すれば，年齢に関係なく，保育所の利用を保障していた。しかし，子ども・子育て支援法[(1)]が施行された2015年4月から，保護者が育児休業を取得すると，在園児が年度初日の前日において3～5歳である場合などを除き（所沢市保育の必要性の認定等に関する規則3条2項1～5号。以下「本件規則」という），保護者の出産日の翌々月末に退園とする（以下「育休退園」という）制度をはじめた。

しかし，育休退園制度の告知が具体的になされたのは，2015年2月下旬であり，しかも，該当する妊婦に，子どもが在園する保育所長（園長）から口頭で説明があったに過ぎない。あまりに急な制度の変更に，保護者は撤回の要望書などを所沢市に提出したものの，市の側からは「ご理解ください」の一点張りの回答しか得られなかった。その後，市は，保護者から相談を受けた弁護士との面談を経て，同年6月1日，本件規則を改正し，3条2項に6号として「前各号に掲げる者のほか，在園児の家庭における保育環境等を考慮し，引き続き保育所等を利用することが必要と認められる場合」を追加した。

2015年6月25日，市内在住の保護者11人が，さいたま地方裁判所に，

(1)　子ども・子育て支援法は，同法にいう「子ども」を「18歳に達する日以後の最初の3月月31日までの間にある者」と定義し（同法6条1項），児童福祉法は，児童とは「満18歳に満たない者」と定義している（同法4条1項）。若干の相違があるが，本稿では，原則として，小学校就学前の子どもの意味で「子ども」の言葉を用い，児童福祉法に関連する部分は「児童」の言葉を用いる。

育児休業を取得したことを理由にした退園処分の差止めの訴え（行政事件訴訟法（以下「行訴」と略）3条7項，37条の4）を提起し，仮の差止め（行訴37条の5第2項）を申立てた。しかし，同年7月27日，同地裁は，先の差止訴訟を提訴した原告2名の子どもの保育継続が認められたことなどもあり，仮の差止めの申立てを却下した。市も，育休退園制度は，保育所待機児童との公平性を保つためであるなどとし，育休退園制度を撤回することはなかった。

一方，2015年6月に，第2子を出産し育児休業を取得した保護者が，保育所在園の第1子（3歳。当時は2歳児クラス）の利用継続を市長に申請したが，利用継続不可となり，同年8月末に，その子は通っていた保育所から退園となった。その保護者が原告となり，同年8月31日，市長の行った利用継続不可決定の取消訴訟と執行停止を求める申立てをし，さらに，同年9月1日に，市福祉事務所長名で保育の利用の解除（正確には「保育の実施の解除」）がなされ，9月2日付で「利用解除通知書」をもって通知されたことを受け，同月11日，解除処分の取消訴訟（行訴3条2項）を併合提起し，執行停止（行訴25条2項）を申立てた（筆者も，原告側の意見書を作成し裁判所に提出）。そして，同月29日，さいたま地裁は，保護者の申立てを認め，利用継続不可決定と利用解除処分の執行停止を決定した。市は，同年10月8日に，即時抗告をしないことを明らかにし，退園となっていた原告の子どもは，再び10月1日から保育所に通うことができている。

その後，保育所の利用継続の申請をしたが，利用継続不可となり，2015年10月末に在園児が退園予定となった2人の保護者（先の差止訴訟の原告でもある）が，同年10月23日に，さいたま地裁に，仮の差止めを申立てた。しかし，同月30日，裁判所は，仮の差止めの申立てを却下し，保護者の子ども2人は，10月末で保育所を退園になった。そこで，当該保護者が，利用継続不可決定（以下「本件不可決定処分」という）と利用解除処分（以下「本件解除処分」という）の取消しの訴えと執行停止を申立てた（以下，この事案を「本件」といい，これらの処分を総称して「本件各処分」という）。そして，さいたま地裁は，2015年12月18日，保護者の申立てを認め，本件解除処分の執行停止を決定した。

保育所退園処分の執行停止が認められた事例は珍しく，しかも，3件つづけて執行停止が認められた事例は過去に例がない。筆者は，この3件の取消訴訟と執行停止の申立てについて，いずれも，さいたま地裁に意見書を提出したが，3つの執行停止決定を踏まえて，適正な行政手続と子どもの保育を受ける権利という観点から，本件各処分の違法性を明らかにするとともに，育休退園をめぐる今後の課題を展望する。

2 執行停止決定の意義

(1) 取消訴訟と執行停止

行政事件訴訟法では，処分の取消訴訟が提起されても，「処分の効力，処分の執行又は手続きの続行を妨げない」（行訴25条1項）とされ，執行不停止の原則がとられている。一方で，仮の救済の制度として，行政事件訴訟法は，裁判所の決定による執行停止の手法を採用している。すなわち，処分の取消訴訟が提起された場合，「処分の執行又は手続の続行により生ずる重大な損害を避けるため緊急の必要があるときは，裁判所は，申立てにより，決定をもつて，処分の効力，処分の執行又は手続きの続行の全部又は一部の執行を停止することができる」（行訴25条2項）とされている。

同条項によれば，執行停止が認められるための積極要件は，①本案が適法に継続していること，②処分の執行又は手続の続行により生ずる重大な損害を避けるため緊急の必要があること（行訴25条2項本文）である。2004年の行政事件訴訟法の改正で，従来の「回復の困難な損害」が「重大な損害」に変更され，損害の性質や程度なども勘案することとされた（行訴25条3項）。積極要件は，申立人の側が疎明[2]する。これに対して，消極要件は，③公共の福祉に重大な影響を及ぼすおそれがあること，④本案について理由がないとみえるとき（行訴25条4項）で，相手方（処分を行った行政庁。本件では所沢市）が疎明する。

(2) 疎明とは，訴訟手続において，裁判官に当事者の主張事実について一応確からしいという程度の心証を得させることをいい，通常の訴訟手続で当事者に要求される「証明」（裁判官が事実の存否につき確信を得させること）よりは軽い立証責任である。

⑵　本件へのあてはめ

これを本件にあてはめると，①の本案とは本件各処分の取消訴訟のことであり，これは適法に提訴され継続している。②については，さいたま地裁は，本件決定において「幼児期は人格の基礎を形成する時期であるから，幼児期にどのような環境の下でどのような生活を送るかは，児童の人格形成にとって重要な意味を有する……児童は，保育所等で保育を受けることによって，集団生活のルール等を学ぶとともに，保育士や他の児童等との人間関係を結ぶこととなるのであって，これによって，児童の人格形成に重大な影響があることは明らかである。」としたうえで，保育所で保育を受けていた申立人の子どもが「本件保育所で継続的に保育を受ける機会を喪失することになる損害」は，子どもやその親権者である申立人にとって「看過し得ないものとみる余地が十分にある」とし，これらの損害は「事後的な金銭賠償等によって塡補されるものではあり得ない」から，本件各処分により生じる「重大な損害を避けるため緊急の必要があるというべき」とした。

保育所での保育やそこで形成される人間関係が，幼児期の子どもの人格形成に重大な影響をあたえること，保育所で継続的に保育を受ける機会の喪失が，事後的な金銭賠償などで償えない「重大な損害」に当たることを，裁判所が認めた点で大きな意義があるといえる。もっとも，障害をもつ子どもに対する保育所入所の不承諾処分が争われた事案について，不承諾処分によって，保育所に入所して保育を受ける機会を喪失するという損害は，その性質上，原状回復ないし金銭賠償による塡補が不能な損害であり，現に保育所に入所することができない状態に置かれているのであるから，損害の発生が切迫しており，社会通念上，これを避けなければならない緊急の必要性もあるなどとして，入所を承諾することを求める仮の義務付けの申立てを認容した例がある（東京地裁2006年1月25日決定。本案の東京地裁2006年10月25日判決も不承諾処分を取り消し入所承諾を義務付けた）。仮の義務付けが認められる要件は，執行停止の要件よりもハードルが高い「償うことができない損害を避けるため緊急の必要」がある場合（行訴37条の5第1項）だから，幼児期における保育所での保育の機会の損失が「償うことができない損害」に当たることは，裁判所も認めているといえる。

③については，退園処分（本件解除処分）が執行停止となり，子どもが保育園に通えることとなったとしても，公共の福祉に重大な影響を及ぼすおそれはなく，争点にはならなかった。争点になったのは，④の本案について理由がないとみえるか，つまり，本件各処分が違法となる余地があるか否かである。この点についても，裁判所は，申立人の側の主張をほぼ認め，本件各処分が「違法とみる余地がある」とした。執行停止決定はあくまでも仮の救済であり，処分の違法性は本案での判決により確定されるため，「余地がある」との表現が使われている。

3 本件解除処分の手続的違法性

(1) 本件解除処分の法的性格

保護者の育児休業の取得を理由とする，保育所からの退園処分は，当該子どもの保育の必要性が消滅したことにもとづく「保育の実施の解除」に該当する[(3)]。

2012年改正前の児童福祉法33条の4では，児童福祉法24条1項にもとづく保育の実施を解除する場合には，あらかじめ保護者に対して，保育の実施の解除の理由について説明するとともに，その意見を聴かなければならないとしたうえで，33条の5において，行政手続法の第3章（12条，14条は除く）の規定は適用しないとしていた。これに対して，2015年4月施行の改正児童福祉法では，33条の4と33条の5の規定にあった「保育の実施の解除」の文言が削除された。これにより，保育所退園処分（保育の実施の解除）は，一般法である行政手続法（平成5年法律88号）の適用を受けることとなった。

「保育の実施の解除」の法的性質は，市町村が，児童福祉法24条1項に規

(3) 本件では，原告も含め当事者，裁判所も「保育の利用の解除」という表現を用いているが，後述のように，新制度のもとでも，市町村の保育実施義務が維持されており，単なる利用契約の解除ではなく，市町村の保育の実施義務を解除する行政処分と解するのが妥当である。そのため，本稿では「保育の実施の解除」の言葉で統一する。

定する市町村の保育所保育の実施義務が消滅したこと（当該子どもの保育の必要性がなくなったこと）を理由として，保育の実施を解除するもので，当該保育所での子どもの保育を受ける権利（地位）を剝奪するわけだから，行政手続法上の「不利益処分」（行政手続法2条4号），具体的には「名あて人の資格又は地位を直接にはく奪する不利益処分」に該当する。直接の名あて人は，保護者になっているが，子どもの保育を受ける権利は，保護者の保育を受けさせる権利と表裏一体のものであるから，このように解しても問題はない。

行政解釈でも，厚生省（当時）の関係局長による1994年9月30日付の通知「福祉の措置の解除に係る説明等に関する省令の施行について」において，保育の実施の解除は「行政手続法……に規定する不利益処分に該当する」と解している。判例も，保育の実施の解除は行政手続法にいう不利益処分に当たるとし（横浜地判2006年5月22日判例地方自治284号64頁），学説上も，不利益処分と解するのが通説である(4)。

(2)　聴聞手続法定化の趣旨

行政手続法は，この不利益処分につき，行政庁に対して意見陳述のための手続を義務づけている（同法13条1項）。これは，意見陳述を通じて行政庁における事実の認定または法の解釈の誤りを防止し，もって名あて人となるべき者の権利利益を保護しようとする適正手続の法理の要請に由来するとされる(5)。したがって，意見陳述手続が法定化された趣旨は，当該処分の名あて人となるべき者の防御権の保障という観点から，手続の公正を確保するものといえる(6)。

意見陳述手続は，聴聞手続と弁明手続に分けられるが，「名あて人の資格

(4)　たとえば，桑原洋子・田村和之編『実務注釈・児童福祉法』（信山社，1998年）217頁（田村和之執筆）参照。

(5)　本多滝夫「聴聞と弁明の機会の付与」高木光・宇賀克也編『行政法の争点』（有斐閣，2014年）83頁参照。

(6)　高木光・常岡孝好・須田守『条解・行政手続法〔第2版〕』（弘文堂，2017年）225頁（高木光執筆）参照。

又は地位を直接に剝奪する不利益処分」については，処分行政庁（本件では所沢市）は，聴聞手続をとらなければならない（同法13条1項1号ロ）。同条項1号イ，ロに規定する処分は，不利益処分のうちでも，行政庁の一方的な意思表示によって，許認可等により形成された一定の法律関係を直接に消滅させる処分であり，また相手方の権利利益に及ぼす影響も大きいことから，厳格な聴聞手続が必要な処分とされているのである(7)。

本件解除処分は，前述のように，市による保育所入所決定（入所承諾）によって形成された保育所の利用という法律関係を直接に消滅させるものであり，退園となる子どもとその保護者の権利利益に大きな影響を与えることは明らかであるから，聴聞手続を要する不利益処分に該当する。

このことは，さいたま地裁も，先の執行停止決定において「児童は，保育所等で保育を受けることによって，集団生活のルール等を学ぶとともに，保育士や他の児童等との人間関係を結ぶこととなるのであって，これによって，児童の人格形成に重大な影響があることは明らかである。……本件保育所で継続的に保育を受ける機会を喪失することになる損害は……看過し得ないものとみる余地が十分にあ（り）……事後的な金銭賠償等によって塡補されるものではあり得ない」としたうえで，「保育の実施（利用）の解除につき，行政手続法の適用があり，所沢市福祉事務所長は，保育の利用を解除する場合には，同法13条1項の聴聞手続を執る必要があると解することができる。」と認めている。

(3) 行政手続法が定める聴聞手続と当事者の手続的権利

行政手続法は，聴聞手続について，聴聞通知の方式（15条），代理人制度（16条），参加人制度（17条），文書等の閲覧（18条），聴聞の主宰（19条），聴聞の期日における審理方法（20条）など詳細な規定を置いている。

これらは法定聴聞といわれ，前述のように，不利益処分を受ける側の防御権を保障する趣旨で設けられたものといえる。その意味で，不利益処分の名

(7) 行政管理研究センター『逐条解説・行政手続法』（ぎょうせい，2016年）166頁参照。

あて人など当事者には，行政手続法上，こうした行政庁の義務に対応し，告知・聴聞を受ける権利や文書閲覧請求権などの手続的権利が認められると解される(8)。

学説では，行政手続法の制定により，①告知・聴聞，②理由の提示，③文書閲覧，④審査基準の設定・公表のいわゆる「適正手続4原則」が，明確に行政庁の行為義務として定められたことから，私人には，行政庁がこの行為義務に従って行動することを求める手続上の権利が付与され，その権利侵害は，処分の違法事由として，抗告訴訟において主張ができるとする見解が有力である(9)。

⑷　聴聞手続を経ずになされた不利益処分の違法性

以上のように，行政手続法の制定により，私人の側に手続的権利が付与されたとすると，法定の聴聞手続を経ないでなされた不利益処分は，行政手続法15条2項に定める事情がない限り，違法（行政手続法違反）となる。そして，本件解除処分は，同条項に定める「公益上，緊急に不利益処分をする必要があるため，前項に規定する意見陳述のための手続きを執ることができないとき」（同条2項1号）には該当せず，聴聞手続が義務づけられる不利益処分である。さいたま地裁も，第1の執行停止決定において「所沢市福祉事務所長が，保育の利用を解除するにあたって，聴聞手続を執らない場合には，違法とみる余地がある」としている。

ところが，さいたま地裁は，先の保護者による仮の差止め申立てについては「市の保育の利用継続不可決定に引き続いてされる解除処分については，それにあたって聴聞手続が執られなかったとしても，実質的にみて，保護者の防御権を行使する機会が奪われてはおらず，解除処分について手続の公正を害する程度の違法があるとまではいえない場合もあり得る」として，申立てを却下した。

裁判所の判断に動揺がみられるが，後者の仮差止め却下決定を文言どおり

---

(8)　塩野宏『行政法Ⅰ行政法総論〔第6版〕』（有斐閣，2015年）327頁参照。
(9)　塩野・前掲注(8)348頁参照。

とれば，不利益処分を行うにあたって，行政手続法の定める法定聴聞を経ずとも，実質的な聴聞手続（防御権を行使する機会の付与）があれば，違法とはいえない場合があることとなる。しかし，こうした解釈は，行政手続法の趣旨に反し，不利益処分の当事者の法定聴聞を受ける手続的権利を無視したもので，妥当とはいえない。実質的な聴聞手続がなされたので，行政手続法の聴聞手続が必要でありながら，それを経ていない不利益処分を違法でないと認定した裁判例も，そのように解する学説も，少なくとも筆者の知りうる限りでは見当たらない。

(5) 本件解除処分の違法性は取消事由に該当すること

裁判所の判断に動揺がみられたのは，本件解除処分について，聴聞手続が履行されておらず違法の余地があると認めつつも，市による保育所の利用継続審査（保育の必要性の認定）の過程で，聴き取り調査がなされ，それを踏まえて，本件不可決定処分がなされているため，本件解除処分に際して，聴聞手続が執られたとしても結果に影響を及ぼさない，つまり聴聞手続の瑕疵は，違法ではあるが，利用継続不可決定という結果に影響を及ぼさないので取消事由には当たらないのではないかとの判断に，裁判所が（少なくとも，仮の差止申立ての却下決定の段階では）傾いていたからと考えられる。

確かに，行政処分が実体的規範に違反して行われたときには，当該処分は違法となり，かかる違法事由は当然に取消事由（原因）ないし無効事由（原因）となる。しかし，処分に手続違法がある場合には，その違法事由が当然に取消事由（原因）となるかについては争いがある。行政手続法の制定以前にも，聴聞手続の違法性については，処分の実体的違法性とは独立に取消事由になるとした裁判例（大阪地判1980年3月19日行政事件裁判例集31巻3号483頁）があったが，最高裁判所は，聴聞手続の瑕疵が，結果に影響を及ぼす可能性がある場合にのみ，処分の違法性をもたらす（取消事由に該当する）としてきた（最判1971年10月28日民集25巻7号1037頁──個人タクシー事件，最判1975年5月29日民集29巻5号662頁──群馬中央バス事件）。

しかし，行政手続法制定後の事件には，これらの最高裁判決の射程は及ばないと解すべきであり，そうした解釈が学説でも通説といえる。そして，行政手続法に具現化された適正手続の法理は，正しい手続によってのみ正しい結果が生み出されるという前提に立っている（逆に言えば，正しい手続がなされなければ，その結果も正しくないと推認される）。そもそも，実体さえ誤っていなければよいということであれば，手続上の規制の意味がない。また，前述のように，適正手続4原則が明確に行政庁の作為義務として定められたことから，私人の側には，法定された行政手続により行政処分を受ける権利（手続的権利）があり，行政庁がその義務を果たさないことは，手続的権利の侵害となる。さらに，「手続をやり直したときに，処分内容に影響を及ぼす可能性がある場合に（限り）手続の瑕疵は処分の取消事由になる」といった伝統的公式は，もはや現在では行政手続違反をめぐる原則的法理としての地位を有していないとの指摘もある[10]。

裁判例でも，端的に，行政手続を定めた法令の趣旨に反する手続の瑕疵は処分の取消事由になると判断してきたとみる見解が有力である[11]。最高裁判所も，行政手続法14条に関する理由提示の程度について判断した判決（最判2011年6月7日民集65巻4号2081頁）において，不利益処分（免許取消）の理由提示に際し，処分基準の適用関係が示されていないことから，行政手続法14条1項本文の趣旨に反するとし当該処分を違法としている[12]。

本件解除処分は，前述のように，保護者や子どもの権利利益に及ぼす影響がとくに大きく，弁明手続よりも厳格な聴聞手続が要求される不利益処分である。しかも，市の側は，本件解除処分は不利益処分に該当しないとして，聴聞手続を執る必要はないことを明言し，実際に聴聞手続を執っていないのであるから，「行政運営における公正の確保」（行政手続法1条1項）の観点からも，本件解除処分を取り消し，市に再考を促し，公正な行政運営を確保

(10) 大橋洋一「行政手続と行政訴訟」法曹時報63巻9号（2011年）2039頁以下参照。
(11) 戸部真澄「行政手続の瑕疵と処分の効力」自治研究88巻11号（2012年）55頁以下参照。
(12) 本件解除処分は理由提示についても行政手続法14条1項違反の余地がある。詳しくは，伊藤周平「『育休退園』と子どもの権利保障――所沢市育休退園処分取消訴訟の執行停止決定を受けて」賃金と社会保障1648号（2015年）47頁以下参照。

する必要がある。いずれにせよ，聴聞手続を経ずになされた本件解除処分の違法性は，処分の取消事由を構成すると解すべきである。

⑹ 実質的な防御権を行使する機会は付与されているか

なお，付言すると，利用継続決定の審査から本件解除処分に至る行政過程において，実質的にみても，先に，さいたま地裁が述べているような「防御権を行使する機会」が保護者の側に付与されていたとはいいがたい。

市の育休退園制度では，育児休業を取得した保護者から利用継続の申請が市長に対してなされた場合（本件規則10条1項），市の職員が，当該保護者から，個別に聴取り調査を行い，その聴取り調査の結果と聴取り調査を行った担当者の報告をもとに，保育の必要性の認定に係る諮問機関で審査，判定し，最終的に，市長が利用継続の可否（保育の必要性の認定）を決定するとの運用がとられている（同10条2項）。そして，その決定は，本件規則3条2項6号に該当する場合には「在園児の家庭における保育環境等」を考慮して判断するとされている。

このような当事者の個別具体的な事情（保育環境等）を考慮する場合には（それが，保育の実施の解除という重大な不利益処分につながる場合にはなおさら），家庭における生活実態や保育環境，子どもの発育状態などの詳細な聴取り調査が必要とされることはいうまでもない。しかし，本件についてみると，訴状および執行停止申立書にあるように，原告である各保護者に対し，そうした詳細な聴き取り調査がなされたとはいえない。そもそも，この聴き取り調査は，市の側が「在園児の家庭における保育環境等」を調査するもので，相当な期間を置いてなされる正式の聴聞手続とは明らかに異なる。

行政手続法の定める聴聞手続は，聴聞期日において行政庁の職員と当事者（または参加人）が事実をめぐり証拠，反証拠を提出し，それに基づいて聴聞主催者が事実関係において判定するという点で，不利益処分の名あて人による単なる意見の陳述とは区別される。したがって，行政庁が聴聞調書および主催者の意見を参酌して（処分を）決定する（行政手続法26条）というのは，単に参考に供するというのではなく，調書に掲げられていない事実にもとづいて判断することのできないことはもとよりのこと，当事者が記録閲覧請求の機会を行使する余裕のなかった調査資料にもとづいて処分をすることも許されないものと解されている[13]。また，聴聞期日後に新たな証拠が収集されたような場合（たとえば，新たに医師の診断書が提出されたような場合）には，聴聞再開事由となる（同法25条）。証拠提出の機会もなく，聴聞調書も作成されず，わずかな時間でなされた聴き取り調査をもって，「防御権を行使する機会が奪われて」いないとは，とうていいえないであろう。

また，かりに「手続をやり直したときに，処分内容に影響を及ぼす可能性がある場合に（限り）手続の瑕疵は処分の取消事由になる」という先の伝統的見解に立ったとしても（前述のように，行政手続法制定後の現在では判例・学説もほとんどとっていない立場だが），本件解除処分における聴聞手続の欠如という瑕疵（違法性）は，取消事由を構成すると考える。というのも，本件規則では，市長による利用継続不可決定がなされた段階で，在園児が自主退園をしなかった場合には，市福祉事務所長は，正当な理由があるものものとして，保育の利用を解除するとされているが（17条3項），本件解除処分がなされる前に，聴聞手続が行われていれば，訴状や執行停止申立書にあるように，市による事実認定の誤りなど，本件不可決定の違法性が判明し，その結果，福祉事務所長が本件解除処分をしないという判断した可能性が極めて高いからである。

そして，さいたま地裁も，夫の執行停止決定において「本件解除処分に当たっては聴聞手続が執られていないことが認められるばかりか……本件各処分に当たって，……（子どもの）保育の必要性に関する諸事情について，十分な情報収集がなされ，それに基づく適切な評価がなされたかについては疑問があることなどからすれば，本件解除処分については，実質的にみて，申立人の防御権を行使する機会が奪われており，その手続の公正を害する程度の違法があるとみる余地もないとはいえない。」とした。

(13)　塩野・前掲注(8)330頁参照。

4　本件解除処分の実体的違法性

本件解除処分の実体的違法性については，別稿[14]でも述べた通り，そもそも，退園させられる子どもへの影響を考慮しておらず，子ども・子育て支援法のみならず児童福祉法や子どもの権利条約の規定に反する違法があることを強調しておきたい。

退園させられる子どもの立場に立って考えてみれば，弟や妹が生まれるという情緒不安定になる時期に，慣れ親しんだ保育所から，理由も理解できないまま突然退園させられるのである。その衝撃や混乱は，子どもの人格形成や発達にとって，悪影響を及ぼす可能性が高い。実際に，退園となった子どもたちは，夜泣きがひどくなったり，オムツが取れていたのにトイレに行かなくなり，おもらしが激しくなったりと，生活のリズムが崩れ，親子とも不安とストレスにさらされていた実態が明らかにされている[15]。

また，たとえば，育児休業を取得した保護者に，3～5歳児クラスに上の子がいて，2歳児クラスに下の子どもがいる場合，3～5歳児クラスの兄や姉は保育が継続されるのに，2歳児クラスの子どもだけが退園させられる。このような差別的扱いは，退園させられる子どもには，とうてい納得も理解もできないだろう（現実に，本件では，ひとりの原告の子どものうち同じ保育所に通う上の子は退園とならず，下の子だけが退園となった）。3歳以上の子どもたちには，保育所の継続利用が認められ，集団の中で成長し，保育を受ける権利が保障されるのに，2歳以下の子どもには，それが保障されない根拠もみいだせない。3歳児以下は原則退園という区分には全く合理性がない。

市は，そうした子どもの状況・健康状態を全く考慮することなく，法定聴聞手続もせず，退園処分を行い，子どもの保育を受ける資格を剥奪し，その保育を受ける権利，人格権，発達保障の権利を侵害している。本件解除処分は「子どもの最善の利益」（子どもの権利条約3条）を考慮したものとは，と

(14)　伊藤周平「所沢市保育所『育休退園』事件訴訟に関する意見書」賃金と社会保障1642号（2015年）25頁以下，および伊藤・前掲注(12)49頁以下参照。

(15)　詳しい実態については，山根純佳・開田ゆき編『育休退園をめぐる親と子の葛藤と生活――所沢市の育休退園制度を考える』（2017年2月）インタビュー編参照。

うていいえず，児童福祉法，さらには子どもの権利条約に反し違法である。子どもにとっては，保育所で友達や保育士と過ごす時間はかけがいのない時間であり，その時間が，ある日突然，断ち切られることの衝撃は，退園する子どもだけでなく，その友達にとっても耐えがたいものである。しかも，それが違法な行政処分がもたらしたものだとしたら，これはもう，自治体による子どもの権利（保育を受ける権利のみならず人格権や発達保障の権利も含む）の侵害というほかない。

なお，日本が批准している子どもの権利条約の12条は，自己の見解をまとめる力のある子どもの意見表明権を保障している。法制度上は規定がないが，同条約の趣旨からすれば，本件解除処分を行うに際して，退園させられる子どもに（本件では，2人の子どもとも，すでに2歳に達していることから，「自己の見解をまとめる力」はあると考えられる），意見表明の機会，少なくとも，退園についていやかどうかを聴く機会を与えるべきであったと考える(16)。ちなみに，児童福祉法では，同法27条の措置（児童養護施設への入所措置など）をとるにあたり，児童とその保護者の意向を確認することが前提とされている（児童福祉法26条2項，児童福祉法施行令32条1項）。これらは子どもの権利条約12条にいう意見表明権を具体化した規定といえ(17)，立法論的には，保育の実施の解除に際しても，同様の規定を設けるべきと考える。

5　子ども・子育て支援新制度のもとでの育休退園

2015年4月よりはじまった子ども・子育て支援新制度（以下「新制度」という）は，第8章でみるように，給付金方式・直接契約方式を基本とし，保育の必要性の認定（保育の利用要件の審査）を支給認定として分離したうえで，保育の利用は，支給認定を受けた子どもの保護者と特定教育・保育施設などとの契約に委ねる形となっている。そして，保育の利用要件は，従来の

(16)　山根・開田・前掲注(15)10頁も，少なくとも，言葉が話せる月齢の子どもに対しては，保育継続の可否にあたり，退園等についての意見を聞き取るべきとしている。

(17)　同様の指摘に，加藤智章ほか『社会保障法〔第6版〕』（有斐閣，2015年）314頁（前田雅子執筆）参照。

「保育に欠ける」という言葉から「保育を必要とする場合」に改められ（児童福祉法24条1項），法律の委任を受けた内閣府令に列挙された（子ども・子育て支援法施行規則1条1号～10号）。このうち，保護者が育児休業を取得した場合の扱いは，従来の政令（改正前の児童福祉法施行令27条）には明記されておらず，厚生労働省の通知等による運用が行われてきたが，新制度では，この内閣府令に「育児休業をする場合であって，当該保護者の当該育児休業に係る子ども以外の小学校就学前子どもが特定教育・保育施設又は特定地域型保育事業……を利用しており，当該育児休業の間に特定教育・保育施設等を引き続き利用することが必要であると認められること」と規定された（同条9号）。育児休業中でも，保育所などに在園している子どもが継続的に保育所等を利用することができる旨が，市町村の認定を条件として明記されたといえる。

1でみたように，所沢市は，従来は，継続申請は提出させるが，親が育児休業を取得したときも，保育所に在園中の子どもは，保育所入所要件に該当するとして，保育所の継続入所（利用）を認めてきたが，これは厚生労働省の通知などを踏まえたものであった。ところが，新制度の実施にともない，前記法令に規定が設けられたことを根拠に，突如，親が育児休業を取得したときは，本件規則3条2項1～6号に該当しないかぎり，保育の必要性が消滅すると解し，育休退園制度をはじめた。

ちなみに，「保育園を考える親の会」（普光院亜紀代表）が公表した調査結果によると（2015年10月16日発表），首都圏や政令市など100市区のうち，母親が出産して育児休業をとると保育所に通っている上の子が退園となる「育休退園」制度をとっている自治体は，2015年4月時点で5市と昨年より2市減っている。前年に引き続き，制度があると回答したのは，神奈川県平塚市，静岡市，熊本市で，これに所沢市が新たに加わった形だ。そして，本件裁判の影響もあると思われるが，静岡市，筆者の居住する鹿児島市（中核市）は，育休退園制度を2016年度から廃止した。育休退園制度のない，もしくは廃止する自治体が多数となる中，所沢市の育休退園制度の維持は逆行といってよい。

6 今後の課題

今回の所沢市の唐突な育休退園制度の実施と保護者の意見を聴こうとしないし市当局の姿勢に，保護者の側は，まさに最後の手段として，提訴に踏み切った。にもかかわらず，市の側は，所定の行政手続も踏まずに，子どもの退園処分を次々と断行した。筆者は，提訴がされたなら，育休退園制度の撤回か，そこまでいかなくても，子どもの退園処分については猶予・延期がなされると予想していただけに，所沢市の対応には驚きであった。市当局には，子どもの権利や適正な行政手続に関する理解が欠けているというほかない。

もっとも，保育所退園処分の場合は，取消訴訟の提起とともに執行停止を申立てても，執行停止決定がなされるまで時間がかかるため，決定を待たず処分の執行がなされてしまい，一時的とはいえ，子どもの保育所からの退園は避けられない。現行の執行不停止原則（行訴25条1項）のもとで，育休退園制度により一時的であれ保育所から退園させられることを防ぐには，利用継続不可決定が出た段階で，退園処分の差止訴訟を提起し，仮の差止めを申立てるしかない。実際，本件で，原告は，子どもを保育所から退園させた場合の影響が大きいことを懸念し，仮の差止めを申立てた。しかし，前述のように，仮の差止めの申立ては却下され，2人の子どもは保育所から退園となり，本件執行停止決定が出るまで，1か月半にわたり，保育所に通えなかった。その意味で，執行不停止の原則を見直すか，少なくとも，本件のような保育所退園処分や外国人に対する退去強制処分については，一度執行がなされてしまえば，権利侵害の程度が大きく重大な損害が生じることを考慮し，執行不停止原則を適用しないなどの柔軟な制度に変えていく必要がある(18)。

最終的には，本件裁判は，提訴した保護者の育児休業期間が終了し職場復帰し，退園処分の執行停止により保育所に戻れた子どもたちが，そのまま継続して保育所利用が可能となったため，本案の判決を待たずに，随時提訴が取り下げられ終結した。そして，先の執行停止決定で，裁判所が，退園処分

(18) 同様の提言として，塩野宏『行政法Ⅱ行政救済法〔第5版補訂版〕』（有斐閣，2013年）209頁参照。

の違法性の余地を指摘しているにもかかわらず，所沢市は「（決定で）制度の違法性が判断されたわけではない」とし，聴聞手続を経ない育休退園処分を現在も続け，2015年度だけで，退園対象者161人のうち115人が退園となっている（46人は継続利用が認められている）。しかし，聴聞手続すら行わず退園処分を強行することは，保護者や子どもの権利を侵害し続けることを意味する。とくに，子どもにとっては，前述したように，発達保障の権利の侵害，さらには保護者や子どもの健康権の侵害にもつながる。

所沢市は，批判を受けて，育休退園した家庭の保護者が仕事復帰する場合には，退園した上の子にも下の子にも100点を加算する制度を導入した（2015年6月より）。保育の必要性が高いひとり親世帯などへの加点が55点であるから，育休退園した場合には，ほぼ確実に上の子と下の子が一緒の保育園に入れることとなる。そのため，保育利用の継続を希望せずに，自主退園する保護者も増えたが，その結果，今度は，以前であれば高いポイントで保育所に入れた子どもが入れなくなり，待機児童が増大する事態を招いている(19)。その場しのぎの対応であり，明らかな失政といえる。何よりも，違法な育休退園がまかり通る市政では，少子化が加速するだろう。親の育児休業の取得を理由に，保育所を退園させられるのであれば，保育所に子どもが通っている家庭では，第2子以降の妊娠は躊躇することは容易に想像できるからである。実際に，所沢市では，2015年3月に通知を受け取って以来，退園対象となる保育所を利用する在園児がいる家庭で妊娠した例はみあたらないという(20)。

私見では，少なくとも，1歳以上の小学校就学前の子どもについては，保護者の就労や疾病などにかかわらず，子どもの発達保障の権利として保育を受ける権利が保障されるべきであり，児童福祉法に，子どもの保育を受ける権利（保育請求権）と市町村の保育施設整備義務を明記する法改正を行うべきと考える（詳しくは，第8章参照）。すべての希望者が入れるだけの保育施

(19) 山根・開田・前掲注(15)63頁参照。

(20) 開田ゆき「『子どもの保育を受ける権利』を奪う所沢市の『育休退園ルール』」賃金と社会保障1642号（2015年）23頁参照。

設を整備することが必要である。そうなれば，育休退園はもとより，そもそも，保育の必要性の認定自体が不要となる。世論を喚起して，子どもの権利を尊重していく政治を実現するための運動を拡大していくべきであろう。

5　入所期間の満了による保育所退園

田村和之

沖縄タイムス記者の座安あきの氏によれば，沖縄県内の多くの市町村では，保育所入所決定に１年間の入所期間が付けられているので，入所した園児も１年後には新規の入所申込み児童と一緒に入所選考（「在園児選考」）の対象とされ，在園児であっても，選考の指標となる「基準点数」の合計が新規申込み児童より小さくなったときは，退園となることがあり，2017年４月には５市町村で59人いたという。「市町村が在園児選考をする理由は，認可保育園の受け入れ枠が不足しているからにほかならない。取材では複数の自治体の担当者が，新たに入所を希望する『保育の必要性の高い』子との『"公平性"を保つための策』などと説明した。」とのことである（以上，座安あきの「なぜ？園児が退園」『保育情報』495号（2018年２月号）５頁）。

「公平性を保つための策」であるとは，次のように説明されるのであろう。すなわち，保育所の定員の不足が現在だけでなく将来も確実に予想される場合，入所決定した子ども（園児）に１年間の入所期限を付けておき，１年後にその園児と新規の入所希望児童とを区別せずに選考して，優先順位の高い者から順次入所決定を行う方法をとれば，いったん入所すれば入所要件が存続する限り入所し続けられるために生じる「より優先順位の高い子どもの保育所入所が阻害される」という問題を解決できるといえよう。このように考えれば，このような方法により保育所入所の公平を図ることができ，合理的であるといえなくもない。

しかし，このような保育所入所の方法には，次のような問題がある。１年間の期間付きの保育所入所であるということは，１年後に保育所から退園しなければならないことを意味する。つまり，１年間の期限付きの「不安定入所」である。このような保育所利用の場合，例えば保護者の就労にも不安定性が付きまとうことは避けられないであろう。また，1年後の入所選考により入所決定を得られず退園しなければならないことになった場合，保護者は就労を断念せざるを得ない状況に追い込まれ，子どもは集団保育の場から切り離され，発達を阻害される可能性が生じる。

以上のように考えると，この入所方法には功罪両面があるようである。本稿ではこれを法的側面から検討することにしたい。

1　「期間付き保育所入所」の経緯

1997年度までは，全国のどこの市町村でも保育所入所に6か月の期間が付けられていた。市町村でそのような入所決定の方法がとられていたのは，次のような厚生省による指示があったからである。

> 「入所の措置をとるに当たつては，あらかじめ6箇月の範囲内で入所の期間を定めて行なうものとし，その期限が到来した場合において，なおその措置児童の措置理由があると認められるときは，その入所措置を更新する等適切な措置権の行使に努めること。」(1961(昭和36)年2月20日児童局長通知「児童福祉法による保育所への入所の措置基準について」(児発129) 本文第4項)

この厚生省通達は保育所入所事務が機関委任事務とされていた時代のものであり (1986年の児童福祉法改正により団体委任事務に改められた)，通達の内容は市町村への指示・命令であるとされたため，6か月期間付き保育所入所は全国一律に実施された。その結果，例えば年度初めの4月1日入所の場合，最初の期限は同年9月30日とされた。だが，ほとんどの市町村では行政内部的に期限を更新するだけで，保護者に対し「継続入所申請」などの手続きをとらせていなかったようであるが，次の期限の翌年3月31日については，あらためて入所申請などの手続きを行う市町村が一般的であったと筆者は承知している。

このように6か月間という短い入所期間を付けたのは，次のような理由によると考えられる。すなわち，保育所入所決定は入所要件を具有している子どもについて行われるが，この要件は入所決定の際に具わっているだけでなく，入所後も引き続き存在していなければならない。ところが入所後，この要件の具有状況に変化が生じ，消滅することがあり得る。上記の通達は，このようなことを考慮して発せられたと考えられる。

この厚生省通達は，6か月の入所期限が到来した場合において「なおその措置児童の措置理由があると認められるときは，その入所措置を更新する等適切な措置権の行使に努めること」としているところからみると，継続入所を求める在園児と新規入所申請者とを同列において入所選考することまで求めていたわけでなく，また，多くの市町村における保育所入所の実務もそうであった。

1997(平成9)年の児童福祉法改正（法律74号。翌年4月実施）による保育所制度改革にともない，厚生省は通達（1997年9月25日，児発596号，児童家庭局長通知）を発し，入所の期間（保育の実施期間）を小学校就学始期に達するまでの期間とするように指示した。この通達を受けて多くの市町村では，それまでの6か月入所措置期間を改め，原則として保育の実施期間を小学校入学日の前日の3月31日までとした（入所要件が保護者の就労などの場合である)。

1997年当時，保育所入所事務は団体委任事務に改められていたが，厚生省通達は市町村に対し絶大な影響力を有し，多くの市町村はこれに従った。ところが，一部に入所（保育の実施）期間を6か月から1か年に改めたが，小学校入学日の前日までとはしなかった市町村があったようである。この事実は一般にはほとんど知られず，また，問題が表面化することもなかった。

2015年4月より実施されている新保育制度のもとで保育所入所期間（保育の実施期間）をどのように設定するかについて，厚生労働省は新たな見解を示していないようである。したがって，市町村における行政実務に変化は生じていないと思われる。そのようななかで，「沖縄タイムス」により，沖縄県内では1年間の保育所入所期間を付けた入所決定処分を行う市町村が多いことが明らかにされた。

2 支給認定の有効期間と保育所入所期間

ここで，「支給認定」の有効期間と保育所入所期間とは別個のものであることを述べておきたい。

児童福祉法24条1項によれば，「保育の必要性」が保育所の入所要件であり，市町村がこの認定（支給認定）を行う（子ども・子育て支援法20条1項）。支給認定には有効期間が付けられる（同法21条）。市町村は，子ども・子育て支援法施行規則1条各号の定めにより具体的な有効期間を定める（同規則8条）。例えば保護者がともにいわゆる正規雇用で就労している場合，3歳未満の子ども（いわゆる3号子ども。子ども・子育て支援法19条1項3号）については満3歳に達する日の前日までの期間（同規則8条8号），また，満3歳以上の子ども（いわゆる2号子ども。同法19条1項2号）については小学校就学日の前日までの期間（同規則8条2号）を有効期間と定める。

市町村は，保育所入所期間を支給認定の有効期間と一致させて定める場合もあれば，そうでない場合もある。例えば，3歳未満児の支給認定の有効期間を当該児童の3歳の誕生日の前日までとした場合であっても，この子どもの保育所入所期間を3歳児になった日の後に最初に到来する3月31日（あるいは小学校入学日の前日）とすることは，行政実務上あり得ることであり，また，不適切でない。

以上のように，支給認定の有効期間と保育所入所期間は別個のものであり，実際にもそのように扱われている。

3　裁判例①――仙台地裁判決

6か月保育所入所期間が争点となった裁判例を2件紹介し検討する。

まず宮城県南方町長（当時）が被告となった事件である。この裁判は，保育所入所決定処分に付けられた入所期間について争われた最初の事案である。原告（保護者）は南方町に居住し，その子どもを同町長の入所決定を受けて隣町の迫町（当時）にある私立N保育園に入所させていた（原告が障害児保育に熱心に取り組むN保育園入所を希望した結果，このような入所決定がされた）。入所決定には6か月入所期間が付けられていた。期間は1回更新され，2回目の更新にあたり同町長は原告の希望しない同町立南方保育園に入所させる決定を行った。本件は，この保育所入所決定処分の取消訴訟である。1986

(昭和61)年7月29日仙台地裁判決(『判例タイムズ』620号91頁)は，次のように述べて6か月入所(措置)期間付きの保育所入所決定処分を適法であるとした。

「(厚生省通達を受けて行政実務において行われている6か月の範囲内で入所期間を定めて行う入所措置は)保育所への適正な入所状態を制度的に確保する目的で採用されたものと推認され，この方法によれば，期限の到来によつて，前決定の効果が消滅するとはいつても，当該期限の到来に先立つて行われる事実調査でなお入所の要件が備わつていると認められた児童は，新たな決定によつて次の期間も引続き保育所への入所が可能となるようになつているのであるから，こうした方法の採用によつて保育に欠ける児童の保育所入所の機会が奪われるというわけではないのであつて，こうした方法も，右裁量の範囲内に属するものとして許されると解するのが相当である。」

すなわち，仙台地裁は，㋐6か月の入所期間は「保育所への適正な入所状態を確保する目的」で行われ，㋑期限の到来により入所決定処分の効果は消滅する(つまり，退園しなければならない)，㋒期限到来に先立ち行われる調査で入所要件があると認められれば継続入所ができる，したがって，このような期限付きの保育所入所決定処分は問題ないとしたのである[(1)]。

この判決によれば，保育所入所決定に6か月の範囲内で入所期間を付けるのは，入所要件が引き続き存在しているかいなかを確認するためであり，6か月の期限が到来すれば保育所入所決定処分の効果は消滅するので，引き続き保育所入所を希望する子ども(在園児)は，あらためて入所(継続入所)を申し込まなければならないが，入所要件が認められる限り，必ず入所決定を行わなければならないことになる。明言はされていないが，このような考え方によれば，継続入所を申し込んだ園児と新規に保育所入所を申し込んだ子どもとを同列に並べて入所選考するのでなく，継続入所申込者を優先して

(1) 控訴審の仙台高裁1987年4月27日判決(『判例タイムズ』646号111頁)も同じ結論であったが，6か月期間付きの保育所入所方法は「住民に対する関係で，要保育児童一般の入所保育行政の適正，円滑，公正な運営にも適する」との判断を付け加えた。この判示の趣旨は必ずしも明確ではないが，本稿の冒頭で紹介した「保育所入所の公平を図る」という考え方や，次に述べる大阪地裁決定の㋔と共通するものであろう。

入所決定しなければならないといえよう。

4　裁判例②――大阪地裁決定・同高裁決定

次に取り上げるのは，大阪市N福祉事務所長を相手方とした行政処分執行停止申立て裁判である。本件の保護者（複数）は大阪市に居住し，N福祉事務所長から保育所入所決定（措置）処分を受けて，1989年3月まで子どもを同市内の「同和保育所」に継続的に入所させていた。入所決定処分には6か月間の期間が付けられ，満了ごとに繰り返し更新されてきた。同月の期間満了にあたり，保護者は同じ同和保育所での継続入所を求めたところ，N福祉事務所長はこれを認めず，同年4月1日より別の「一般保育所」に入所させる処分（本件処分）を行った。そこで保護者（原告）は，福祉事務所長を被告として大阪地裁に取消訴訟を提起するとともに，本件処分の執行停止を申し立てた。

大阪地裁決定　1989（平成元）年5月10日の大阪地裁決定（『判例時報』1331号38頁，『判例タイムズ』724号173頁）は，この申立ては執行停止の利益を欠くとして却下した。その理由は次のとおりである。

> 「入所処分は，その時点における保護者側の一定の事由を要件とするうえ，市町村には一定の財政的制約及び施設面における物理的制約があることも明らかであるから，このような入所処分は……一旦なされれば特段の事由のない限り当該児童が就労年齢に達するまで継続されるものではなく，期限の含め措置の具体的方法については，法所定の保育の目的に反しない限度で措置権者の合理的な裁量に委ねられた行政処分である」「（福祉事務所長が保護者に対し毎年4月1日及び10月1日付けで行った入所措置処分は）いずれも期限を6か月とする入所処分であり，直前入所処分の期間満了による新たな入所処分が順次継続して行われてきたのであって，……（本件処分は）直前の各入所処分の期間満了に伴う新たな入所処分と認めるべきであ」るから，このような本件処分の執行を停止しても保護者が求める同和保育所の継続入所は復活しない。

この決定は，㊁保育所入所には一定の要件が必要であり，㊂市町村に財政的制約と物理的制約があるから，保育所入所決定処分に入所期間を付けることは適法である，㊃期限の到来により入所決定処分の効力は消滅するとした。

㋓および㋕は前述の仙台地裁判決の㋐および㋑と同じであるが，㋔は独自の考え方であり，保育所が受け入れられる園児数には限りがあるから，どのような入所方法をとるかは市町村の裁量に委ねられているとし，6か月期間付きの入所決定は市町村の裁量の範囲内にあり適法であるとする。この考え方が適切であるかどうかは，のちに考察したい。

大阪高裁決定　1989(平成元)年8月10日，即時抗告審の大阪高裁は，大阪地裁決定を取り消し，原審に差し戻した（『判例時報』1331号41頁，『判例タイムズ』724号169頁)。本決定は次のようにいう。

「(保育所入所要件のなかには）一定期間の経過によってその事由が消滅し，児童の『保育に欠ける』状態が解消することが相当の蓋然性をもって見込まれるもの」もあれば，「その事由がいつ消滅するか不明であって……『保育に欠ける』状態の解消する時期が不明であるもの」がある。そうだとすれば，「一律に児童の保育所入所措置の措置期間を6か月と定め，その措置期間の満了（期限の到来）をもって保育所入所措置が当然に失効するものとすることは，法が入所措置事由を具備した児童についての保育所入所措置を……措置権者の義務としている前記趣旨に合致しないものと考えられる。なぜならば，措置期限付の保育所入所措置は措置期限の到来によって当然にその効力が消滅するものとすれば，右措置期限後も法第24条により保育所入所措置を継続してなすべき児童について，新しい保育所入所措置がなされるまで，一時的にしろ保育所入所措置が採られない期間が生ずることがありうることとなるが，そのような事態の発生の余地を残す措置期限についての理解は，法の右趣旨に沿わないからである。」

「(児童福祉法）第24条による保育所入所措置は，6か月の期限付でなされているが，期限の到来した時点でなお保育所入所措置を継続すべき児童については期限の更新がなされることが予定されていたものというべきであ」る。「期限の更新が予定されている保育所入所措置は，それに付されていた期限の到来によっては当然にその効力が消滅するものではな」い，保育所入所措置権者の市町村長が「保育所入所措置の期限の更新を拒絶する処分をした時にはじめてその効力が消滅するものと解するのが相当である。」

以上のように，大阪高裁は，一定期間の経過により保育所入所事由（入所要件）が消滅することが想定される場合に入所期間を付けて入所決定処分を行うことは妥当であるとするが，そうでない場合に付けられた入所期間は，入所措置事由（入所要件）の見直しなどを検討するためのものであり，期限が到来しても当然には入所決定の効力が消滅して退所となるわけでないとしている。言い換えれば，このような入所期間は法効果を有しない訓示的な性格のものであるということである。そうだとすれば，在園児は継続入所の申込みを行わなくても，入所要件が存在（存続）していれば期限は当然更新されると理解されることになる。この場合，市町村は在園児が引き続き入所要件を具有しているかどうかの調査を行う必要があり，継続入所を希望しているものはこの調査に応じる義務がある。調査に応じず，入所要件の存在が確認できないときは，市町村は入所期限の更新をせず，保育所入所解除（保育所入所期限更新拒否，退園処分など）を行うことになる。

5　検　討

保育所入所の時点で，一定の時間が経過すれば入所要件が消滅することが確実に想定される場合，消滅の日までを入所期間と定めることは不合理でない(2)。例えば「母親の産前・産後の期間」という入所期間はこの例である（実は「小学校入学の日の前日まで」という入所期間もこのような例である）。

入所後に入所要件が消滅すると想定されないのに，例えば1年間の期限付きで入所決定を行ってよいだろうか。前述の仙台地裁判決によれば，入所期間を付けてもよいが，満了後の入所を申請した場合，入所要件が認められる限り必ず入所決定しなければならないことになる。前述の厚生省通達もこの考え方であるとみられる。これに対して，大阪高裁決定は，そのような入所期限を訓示的な性格のものととらえていることは前述した。

大阪高裁の考え方が妥当であろう。なぜならば，入所後も引き続き入所要件を具有しているかどうかの確認は必要であるが，そのために期間満了によ

(2)　行政法学では，保育所入所決定（処分）に付けられる入所期間を「附款」といい，附款の許容性について，法律がどこまで規律しているかを行政処分の性質等を考慮して具体的に判断する必要があり，裁量が認められる行政処分の場合，附款を付けることが認められるが，根拠法の趣旨・目的の範囲内にとどめられ，また，比例原則などに反してはならないなどの制約があると説かれている。塩野宏『行政法Ⅰ〔第6版〕』（2015年，有斐閣）203頁，阿部泰隆『行政法解釈学Ⅰ』（2008年）408頁ほか。

る退園という入所者（保護者と子ども）に大きな不利益を伴う方法は不合理であるからであり，もし入所中の者が入所要件が具有しない状態になっていることが判明したときは，退園決定をすればよいからである。

次に検討しなければならないのは，前述の㋔の場合である。すなわち，保育所が受け入れられる園児数は財政的・物理的に限りがあるから，どのような入所方法をとるかは市町村の裁量に委ねられていると考えられ，入所期間付きの入所決定はそのような市町村の裁量の範囲内にあるという見解について検討する(3)。

児童福祉法24条1項は，保育の必要性が認められる子どもについて，市町村は保育所の定員・受入れ可能園児数の範囲内で保育義務を負うものであると定めていると理解すれば，市町村にはどのように入所選考を行いどのように保育するかについて一定の裁量が認められると考えられ，入所期間付きで保育所入所決定を行うことは市町村の裁量の範囲内にあり，適法であるということになるだろう。これを分かりやすくいえば，待機児童を出しても違法でないとされる場合は（2017年1月25日東京高裁判決（本書第4章参照）はこのような判断をした），入所期間付きの保育所入所決定は違法とまでは言えないということである。

そうだからといって，例えば1か年入所期間付きの保育所入所が，保育所入所のあり方として適切であるとは即断できない。本稿の冒頭で述べたように，このような入所方法は保育所の「不安定入所」であり，功罪両面がある。個別的にみれば，「功」であったり「罪」であったりし，その比較は至難であり，その当否の判断には大きな困難がつきまとうといわなければならない。

6 おわりに

児童福祉法24条は，保育を必要とする子どもの保育について，市町村に

(3) 市町村の保育所受け入れ可能園児数に余裕がある場合，児童福祉法24条1項により，市町村は保育の必要性が認められる子どもを必ず保育所において保育しなければならないのであり，市町村に裁量の余地は認められないから，この場合に入所期間を付けて保育所入所決定を行うことは違法である。

どのような法的義務を負わせているのであろうか。現在の一般的認識は，上述の東京高裁判決のようなものである。つまり，市町村は，保育の必要性が認められる子どもについて，保育所の受入れ可能園児数の範囲内で保育する義務を負わされていると考えるほかないということである。このような考え方を前提とすれば，法的には入所期間付き保育所入所決定を違法というのは困難である。

ところで，児童福祉法24条の定める市町村の保育義務の内容については，さらなる検討が必要なのではないだろうか。市町村は保育を必要とする子どもを保育所に入所させて保育することができない場合であっても，児童福祉法24条2項により認定こども園や家庭的保育事業等で保育することを義務づけられていると理解すれば，待機児童の発生は違法であると考えられる。つまり市町村は，保育を必要とする子どもを保育所や認定こども園，家庭的保育事業等で保育することを義務付けられている。この義務は必ず履行されなければならないという意味において，裁量の余地はない。そうだとすれば，入所期間付きの保育所入所決定は許されないことになるか，あるいは，許されるとしても，その余地は現在よりもかなり狭められたものになるであろう。

（付記）

本章は『保育情報』497号（2018年4月号）掲載の論稿を一部手直ししたものである。

6 「保育」施設未入所について損害賠償を命じたドイツ連邦通常裁判所判決
──日本法に示唆するもの

木下秀雄

2016年の「保育園落ちた，日本死ね」という匿名ブログが社会的話題になったことはまだ記憶に新しい。少子化に歯止めがかからないことを嘆く声があるが，そもそも，保育所などの子どもを産み育てる社会的条件整備が遅れていることは明らかであろう。しかし同時に，保育所の整備・充実を求める声に対して，財源に限りがあるからという言い訳が根強く存在することも事実である。

そうした状況で保育所をめぐる論議において法的検討がどのような役割を果たしうるのか。逆にいえば法的議論において，保育所での子どもの保育を権利であると考えることと，それが保育所の整備・充実という物的基盤整備を前提としていることとを，どのような関係として理解すればいいのか。この点が，本稿の基本的な問題関心である。

そこで本稿では，日本の問題を考える素材として，日本と同様に少子化の進行に迫られる中，ここ10年間で急速に保育所法制を整備してきたドイツで，2016年10月20日に出されたドイツ連邦通常裁判所（BGH）の判決を取り上げる[(1)]。

事案は，子どもを保育所に入れることができなかった親が自治体を相手に，就労できなかったことによる所得喪失の損害賠償請求を提起したもので，民事訴訟の最高裁にあたるドイツ連邦通常裁判所がその請求を認容したものである。

---

(1) 連邦通常裁判所（Bundesgerichtshof（略称BGH））のホームページに載っている（事件番号Ⅲ ZR 278/15，Ⅲ ZR 302/15，Ⅲ 303/15の3件））。沖縄タイムス・プラスワン「木村草太の憲法の新手(43)保育園不足　勤労の権利を損なう可能性」（2016年11月16日）等でも紹介されている。

1 ドイツの「保育」法制[2]

まず，ドイツの現在の「保育」法制を簡単に紹介しておく。

⑴ ドイツでは1990年代に入って保育法制は度々，大幅な改正が行われてきている。

現在の制度は2013年8月1日以後適用されている条文に基づくものあり，今回の争いもこの条文を前提に行われている。

現行法上「保育」の権利に関する規定があるのは社会法典8編の第2章青少年給付の第3節「『保育』施設及び『家族的保育』における子どもの支援」の中の22条から26条である。

まず，22条1項が，以下のような定義を行っている。

すなわち，「保育」施設とは「子どもが全日または一日の一部についてそこに滞在しグループで支援を受ける施設」のことであり，「家庭的保育」とは，「適切な保育者により，その自宅か又は監護権者の自宅で行われるもの

---

(2) 本稿で，保育，という言葉にカッコ（「 」）をつけているのは，ドイツでの子育て支援施設，子育て支援事業と日本の保育とが必ずしも同じではなく，ズレがあることを意識する必要があると考えるからである。また本稿ではドイツ語原文を付すのをできるだけ少なくしたが，実はドイツ語原文自体が各州によって異なっている場合が多く，連邦法である社会法典8編の条文上の表記は極めて一般的な表現になっている。こうしたこともあって保育，保育所，という訳語をそのまま用いることがためらわれ，カッコをつけたくなる理由である。ただ，本判決にも表れているように，ドイツにおいても子育て支援や早期教育支援だけでなく，親の就労支援という側面が大きな意味を持ってくるようになっているのも事実である。つまり日本の保育の問題と重なる部分が大きくなっている。また筆者の問題意識も，そうした日本の保育に重なる部分に注目しつつドイツの制度を探るところにある。そうしたこともあり，以下では，「保育」施設，「家庭的保育」についてはカッコをつける。またドイツの特徴を意識する必要があると思われるところでは「保育」，「保育」制度，「保育」法制，というようにカッコとつける。しかし，一般的な入所定員枠を言うときは，保育ポスト，というようにカッコをつけないことにし，そのほか叙述上特にドイツの法制度を意識する必要がないと思わるところでは，保育，保育者，というようにカッコをつけないことする。

このようなことから，以下では言葉遣い及び表記の点で，読みにくくなっていることについてはあらかじめご容赦をお願いしたい。

である」，と規定している。後者は，本稿では「家庭的保育」と訳しているが，2014年の統計[3]によれば，一カ所の事業所で保育されている子どもの数は平均して3.3人である。しかし，保育者が複数で，保育者又は監護権者の住居以外のところ（そうすることが禁じられているわけではないし，州法で詳細が定められることになっているので，実際上そうした形態も存在する）で行われる6人以上の「大きな規模の家庭的保育」も存在し，中には20人以上の規模のものもあるようである。また，そこで保育する子どもの年齢も低年齢でなければならないとは定められておらず，3歳以上の子どもも保育されている。そういう意味でこの形態は日本の「家庭的保育」と「小規模保育」を合わせたもののようにも見えなくもないが，両者を合わせたものとも異なるところがあるといえる。ただ，この保育形態はドイツでも保育ママ・保育パパ（Tagesmutter, Tagesvater）と呼ばれており，本稿ではあえてカッコつきで「家庭的保育」と訳しておく。

次に，22条2項は，こうした「保育」施設と「家庭的保育」の目的を3つあげている。すなわち，「保育」施設及び「家庭的保育」は，「子どもが自己責任を持った，社会性のある人格に発達するよう支援する」（1号），「家庭での教育と訓練を支援し補完する」（2号），「親が稼得活動と子育てをよりうまく一致させることができるに援助する」（3号）ものである，と定めている。つまり，これらの「保育」事業の目的として，子どもの早期教育的側面と，親に対する稼得活動支援という側面とを合わせて規定している。

ドイツでは歴史的経過として，「保育」施設の多くが3歳以上の子どもを主に対象とする幼稚園（Kindergarten）から出発している。そういう意味では，これら社会法典8編22条以下の子育て支援事業は，日本の児童福祉法の「保育」と完全に一致するわけではない。しかしドイツでも実態としては，今回の判決にも表れているように，親の就労・稼得活動と子どもの世話とを

(3) 拙稿「ドイツの「保育」事情概観」保育情報461号（2015年4月）11-15頁。もとの資料出所は，Statistisches Bundesamt, Statistiken der Kinder- und Jugendhilfe 2014（https://www.destatis.de/DE/Publikationen/Thematisch/Soziales/KinderJugendhilfe/TageseinrichtungenKindertagespflege5225402147004.pdf?__blob=publicationFile）S.85.

どう両立させるのか，という日本の保育をめぐる問題状況とほとんど変わらない事情が背景として存在していると考えられる（そうした点を考えて，本稿では訳語としてあえてカッコつきで「保育」施設や「家庭的保育」という言葉を以下では用いることにする。)。

(2) ドイツ社会法典8編24条は「『保育』施設及び『家族的保育』による支援を受ける権利」というタイトルの下に年齢別に「保育」の権利を定めている。

同条1項は1歳未満児について，1号「これらの給付が，子どもが自己責任を持った，社会性のある人格に発達するうえで必要な場合」，2号「監護権者が，a就労しているか，稼得活動に従事しているか，あるいは求職中の場合，b職業訓練措置を受けているか，学校での職業訓練中か，大学在学中の場合，c社会法典2編の統合給付を受けている場合」には，「保育」施設又は「家庭的保育」による支援が行われなければならない，としている。

同条2項は，1歳から3歳未満児は「保育」施設又は「家庭的保育」による早期教育支援を受ける権利を有する，と定めている。

同条3項は，満3歳から就学までの子どもは，「保育」施設での支援を受ける権利を有する，と定めている。

つまりドイツでは，社会法典8編24条で，満1歳未満児，満1歳から満3歳未満児，満3歳から就学時までの3つの年齢層に分けて，順に，①親の就労などを要件として「保育」施設又は「家庭的保育」による支援を受ける，②年齢のみを要件として，「保育」施設又は「家庭的保育」を受ける権利を有する，③年齢のみを要件として，「保育」施設に通所する権利を有する，という3つの権利を定めている。

(3) ドイツでは，1961年青少年福祉法（JWG）が戦前の1922年ライヒ青少年福祉法（RJWG）に代わって制定された時には，「保育」に関する規定が置かれていなかった。それが1990年に子ども及び青少年法（KJHG）になり社会法典8編が定められた時，「保育」に関する規定が置かれた。しかし具体的内容はラント法で定めることとされるにとどまっていた。

1990年の東西ドイツ統一による旧東ドイツの保育事情（女性の就労率が高く保育所利用率が高かった）の影響もあり，1992年法改正で，満3歳以上の子どもは「幼稚園（Kindergarten）に通う権利」を有するとさだめられた。ただ，この権利の実現については猶予規定が置かれ，1998年12月31日までに完全実施されることとされていた。

そして2004年法により，3歳未満児についても「保育」の利用を保障することが提起され，「保育」をめぐる焦点は3歳未満児のところに移っていった。2004年法では次のように定められた。親が稼得活動に従事している場合や職業訓練を受けている場合には，満3歳未満児には，「保育」施設及び「家庭的保育」による保育ポストが，用意されなければならない（sind ...vorzuhalten）」と定められた。これは満3歳未満児に対する「保育」が社会的課題として認められたという側面と，子どもや親の事情により支援が必要な場合に限って，しかも権利としてではなく保育ポストの用意を行うよう努力する，という規定にとどめられた，という側面があった。

その後2008年法改正で，2013年8月1日から満3歳未満児も保育ポストを求める権利が認められることが決まった。ただ経過的に2008年から2013年までの期間は，まず一般的に満3歳未満児すべてについて「保育」施設及び「家庭的保育」による保育ポストの「需要に合った提供」が行われるようにという努力義務が定められた。そして同時に，親が稼得活動に従事している場合や職業訓練を受けている場合には，「保育」施設又は「家庭的保育」による支援がなされなければならない（ist in einer Tageseinrichtung oder in Kinderpflege zu fördern）と定められた。この後者の場合については，この改正により24条のタイトルが「『保育』施設及び『家庭的保育』による支援を受ける権利」となったこととも併せて，「保育」ポストを求める権利が認められた，と考えられている。

そして今回争いになっているように，2013年8月1日からはすべての満3歳未満から満1歳以上児は，保育ポストを求める権利を有することになったのである。

(4) 2008年法の立法理由書は，3歳未満児における保育率を，当時21%といわれていた水準を35%に引き上げるという数値目標を掲げられている(その後目標値は39%にさらに引き上げられている)。そして連邦からの補助金や消費税の配分率の地方に有利な変更など財源措置を伴いながら，2013年からの満3歳未満児に対する「保育」の権利規定全面実施をめざしていた。

2016年3月1日で年齢別に見た保育率は，0－1歳児について旧西ドイツの諸州では2,2%，旧東ドイツの諸州では3,9%，ドイツ全体で2,5%。1－2歳児について，旧西ドイツが，28,8%，旧東ドイツが66,2%，ドイツ全体で，36,1%。2－3歳児については，旧西ドイツが54,4%，旧東ドイツが86,0%，ドイツ全体で60,6%となっている(4)。実数で見て，保育されている満3歳未満児が総数で2006年3月1日に25万3884人であったものが，2016年3月1日には71万9600人になっている。3倍に近い急増である。

1歳未満児の保育率が低いのは，2007年1月1日から実施されている「親手当法」により子どもの出生前1年間の平均月間就業所得の67%（ただし1800ユーロを上限とする）が12か月支給されること(5)になっているため，「保育」需要自体が低いことの影響であると考えられる。

(5) なおドイツの保育法制を理解するうえで注意しなければならないドイツ特有の制度的特徴点が二つある。

一つはドイツが連邦制であり，連邦の立法権限が限定されており，また財政支援も「保育」行政の担当者である自治体に連邦から直接行うことができない，という点である。

二つ目は，ドイツの地方自治制度において基礎単位になる市町村(Gemeinde)と，そうした市町村の連合的組織として郡（Landkreis）があり，農村地域ではこの「郡」という単位が様々な地域福祉サービスの責任主体となっている。他方，都市部では，郡に所属しない市（kreisfreie Stadt）が単

(4) Statistisches Bundesamt, Pressemitteilung vom 28.09.2016 - 345/16.

(5) 齋藤純子「ドイツの連邦親手当・親時間法――所得比例方式の育児手当制度への転換」外国の立法232号（2007年6号）参照。

独で地域福祉サービスの責任主体となっている。「保育」法制では，多くの場合「保育」の給付主体としては郡または郡に所属しない市が当たることになっている（州法が定められることになっている）。他方また，ドイツでは，「保育」施設などの福祉サービスの経営主体はカトリックやプロテスタントなどの非営利福祉団体や，あるいは郡に所属している市町村（kreisangehörige Gemeinde）であることが多い(6)。

こうした事情から，「保育」給付の責任主体としての郡は，自ら「保育」施設を経営することは少ない。つまり，「保育」給付の責任主体としての郡は，保育を受ける権利に対応する義務主体として責任を負いながら，具体的なサービス提供は別団体としての郡に所属する市町村，または非営利民間福祉団体から調達する必要がある，という点に注意しなければならない。

2 2016年10月20日判決の内容と事案

(1) 事案の内容及び裁判の経過

もともと本件では，3つの訴訟が提起されおり，それに対し1審ライプチッヒ・ラント裁判所が2015年2月2日に原告の損害賠償請求を認容したことから注目を浴びたものである。これに対して被告のライプチッヒ市が控訴し，2015年8月26日にドレスデン上級裁判所が控訴を認めて1審原告の請求を退ける判決を出した。それに対して1審原告が上訴したのを受けて出された連邦通常裁判所判決が今回日本でも紹介され注目されている2016年10月20日判決であるということになる。この連邦通常裁判所判決は，控訴審判決の法解釈を退けているが，具体的な損害額算定などには事実認定が必要であるということで最終的には控訴裁判所に差し戻している。

まず，3つの事案の内容と訴訟の経過を紹介したうえで，判決の概要を示す。

(6) 保育所に入所している子どもの60%以上が非営利福祉団体経営の「保育」施設を利用している（拙稿13頁）。公立施設のうち市町村立のものは70%を超えている（原資料13頁参照）。

㈠ 事 案 1

この原告は2013年1月16日に生まれた男の子の母親である。

原告は2013年4月28日に被告（公的青少年支援主体，今回はライプチッヒ市である。以下同じ。）に，2014年1月以後保育ポストが必要である旨連絡している。原告は子どもの出産以前から建築技師として就労してきており，子どもの出産後12か月間の親休業を取得しているが2014年1月16日からは以前の仕事に復帰したいと考えている，というのである。

これに対して被告は2013年6月27日にこの届出を受け取ったことを確認するとともに，現在のところ，保育需要が多いため原告の子どもが利用できる保育ポストがない旨返事をしている。原告はその後，市の請願委員会に請願を行ったりするとともに，自分自身で保育ポスト探しを行うが，2014年1月からの保育ポストを確保できなかった。

被告は，2013年11月4日に原告の子どもが保育を受ける権利を有する旨の決定を行うが，実際利用可能な保育ポストについては原告が望む時点について提供できない状態である旨を連絡してくるだけであった。そして被告は，新設の保育所での保育ポストを2014年4月1日から提供できることを通知するが，他方で原告は自ら同年3月1日からの保育ポストを確保している。

そして最終的に原告は，望んでいた2014年1月16日から保育ポストが提供されなかった結果就労できなかった期間についての所得喪失の賠償を請求している。

㈡ 事 案 2

原告は，2013年4月4日に生まれた男の子の母親である。

原告は2013年7月24日に被告に書面で2014年4月から保育ポストが必要である旨連絡している。これに対して被告は2013年8月6日に，保育需要が多く，現在のところ提供できる保育ポストがない旨連絡する。原告は何度か被告のところに出かけて事情を話すとともに，自らも保育ポスト探しを行っているが見つからなかった。このため，原告は2014年1月に，同年4月3日までの予定であった親休業の延長を使用者に申し出て，その了解を取り付けている。その結果同年3月19日以後は25%のパートタイム就労（週10時間就労）になり，同年8月25日以後は75%パート（週30時間就労）になり，保育ポストが確保された9月以後にようやくフルタイム就労に復帰できた。この間の所得喪失についての損害賠償請求を提起したものである。

(ウ) 事案3

原告は2013年1月18日に生まれた女の子の母親である。

原告は2013年5月21日に被告に2014年1月19日から保育需要がある旨を伝えた。これに対しても被告は，現在のところ提供できる保育ポストがない旨返事をしている。原告は，現在いくつかの保育施設に申し込みを行っていて2014年9月以後なら保育ポストが確保できそうであるが，2014年1月19日以後フルタイム就労に復帰しないと経済的に大変である旨何度も申し立てを行っている。そして，2013年12月2日に，使用者との間で，当初2014年1月17日までであった親休業を6か月延長することで合意している。ところが原告は2014年1月30日に自ら探して同年4月1日から保育ポストを確保した。原告はこれを受けて使用者に，親休業を短縮できないか使用者に尋ねたが，使用者から，原告の代替要員としてすでに半年間の期間付き労働者を雇用しているので，親休業延長を短縮できないと断られた。結果として就労できなかった期間の喪失所得の損害賠償を請求したものである。

(エ) 裁判の経過

今回の訴訟の請求内容は，保育ポストが確保できなかった結果，親が就労できなかったかパート就労しかできなかった結果，本来得られたはずの所得が得られなかったことを損害として請求するものである。つまり，今回訴訟の主体は親であり，損害は保育ポストが提供されなかった結果失った親の所得である。

ドイツでは保育を利用する権利主体は子ども自身であると考えられている。そして2013年に，連邦行政裁判所は，保育ポストを給付主体が提供できなかった結果，共同保育所のような形態で保育ポストを確保した場合，そうした保育ポストの「自己調達」に要した費用は，子ども自身の保育を受ける権利の代替的権利（二次的権利）として，つまり子ども本人の権利として給付主体に対して請求できるという判決を出している[7]。

本件1審判決は，社会法典8編24条2項の満一歳以上満三歳未満の子どもの権利に対応する，給付主体（今回はライプチッヒ市）の保育ポストを用意する民法839条にいう職務義務は，当該権利主体である子どもだけを保護の対象とするものではなく，親もその保護範囲に含んでおり，しかも親の所得も保護すべき範囲に含まれると判断している。そして，保育ポストを提供する職務義務を履行しなかったことについての被告の過失も認定して，原告の損害賠償請求を認容した。

控訴審も，子どもが保育ポストを必要とする時点でそれを提供できなかったということで，子どもの保育を受ける権利に対応する被告ライプチッヒ市の保育ポストを調達する職務義務に対する違反を認めている。そのうえで，控訴審はそうした保育ポストを用意すべき被告の職務義務の保護範囲に親が含まれるのか，そして保護対象に親の所得喪失補てんまでが射程に入るのかどうか，という問題を検討している。そして，保育を受ける権利は子どもに認められたものであり，これに対応する被告の民法上の職務義務の保護の射程は親に及ばないとした。こうした解釈論により控訴審は，被告の職務義務違反は認めるが，被告に対する原告・親の損害賠償請求は3件とも棄却する判決を出した。

⑵ 2016年10月20日連邦通常裁判所判決の概要

本件連邦通常裁判所判決は，控訴裁判所の，社会法典8編24条2項の保育を受ける権利に対応する被告の職務義務の射程をめぐる解釈論を否定したものである。

しかしそれにとどまらない重要な論点を含んでいる。特に以下の3点に注目したい。

(7) BVerwG vom 12.09.2013 (5 C 35.12).

(ア) 保育ポストを利用できるようにする給付主体の保障義務

判決は，保育需要があることを適切な時点で届け出た満1歳から3歳未満児に対して，給付主体は，保育ポストを利用できるように保障する職務義務を負っている，と判示する。そしてこれは「無条件の保障義務（eine unbedingte Gewährleistungspflicht）」であり，既存の入所定員の枠内に限定されるものではなく，むしろ，十分な数の保育ポストを，自ら作り出すか，民間保育経営者や家族的保育の保育者という適切な第三者を通して用意する義務を被告は負っている，と判示している。

(イ) 保育ポストを用意する職務義務の趣旨・目的と親の所得喪失の賠償責任

そして判決は，適切な時期に届出たにもかかわらず保育ポストを用意しなかったことで，被告は子どもの権利を侵害したことになり，権利の不充足は直ちに職務義務違反になる，としたうえで，この職務義務の保護範囲が子どもの親に及ぶかどうかを検討する。

まず本判決も，保育ポストを用意するように求める権利の主体は子どもである，ということを確認する。その上で判決は，そうした権利に対応する職務義務の保護の範囲と対象は，そうした職務義務履行を求める権利者，つまり子どもに限定されないと解している。他方で当該職務義務が履行されない結果被害を受けたものすべてが保護の対象になるわけではないことや，被害すべてが賠償の対象にならないことも確認する。そのうえで，当該職務義務を定めた法律の価値判断と目的がどのようなものであるかが重要であるとする。そして，法の価値判断と目的は，第1に社会法典8編の24条2項だけを見るのではなく，法22条の保育制度の目的や趣旨などの各条文全体から評価すべきであること，また第2に満1歳から満3歳未満児に対して保育を受ける権利を定める目的として親の稼得活動と家族生活との調和が強調された2008年法改正の立法経過を強調する。そこから立法者の意図を推察して，親も法24条2項から導き出される職務義務の保護範囲に含まれる，という結論を引き出している。

この連邦通常裁判所判決では，法24条2項から導き出される民事的な職務義務の保護範囲の解釈が争われているのである。しかしそういう形をとって，ドイツにおける「保育」制度の趣旨・目的については，一方で子どもを権利主体とするとともに，他方で親の就労や稼得活動を支援すること，さらには子育てと就労との調和，という視点で位置付けるべきであるという点が問題になっていることは明らかである。つまり，ドイツの状況が，これまでのような幼稚園（Kindergarten）による就学前教育中心であるというものから，日本での保育をめぐる状況と接近してきていることを示しているといえる(8)。

(ウ) 「一応の証明」としての職務義務違反の過失

被告が保育ポストを用意できず，子どもの権利を侵害した場合，職務義務違反となり，その職務義務違反による賠償の対象に親の所得喪失が含まれると考えることができるとして，では，そうした職務義務違反の過失の認定をどのように行うのか，という問題が残る。これについて，判決は，保育ポストが用意されず，子どもの権利が充足されなかったということで，まず職務義務違反は認定できるとする。しかし，それだけで直ちに職務義務担当者の過失があったとまでは，反論の余地なく最終的に確定するわけではない，とする。とはいいながらも，権利充足が果たせず，職務義務違反があったということから，被害者（本件の場合は親）が負う，相手方に過失があるとの証明負担は軽減され，職務担当者の過失については「一応の証明」がなされたものと認められる，という。そしてこの証明に反論するのは被告の責任である，という。しかも「被告は，一般的な財政的困難を持ち出すことでこの過失の一応の証明を揺るがすことはできない」という判示を行っている。「なぜなら立法者の判断によって，管轄公的青少年支援主体は，十分な数の保育ポストを用意することについて原則的に無制限の──特に『入所定員の範囲

---

(8) 日本の児童福祉法制定当時，①「保護者が安心して働くことができ，それによって家計が安定すること，②共同生活によって乳幼児の心身の健康な成長を図ること，③「勤労大衆」の母が社会参加できるようにするとともにその休養を図ること，という3つの役割が挙げられていた（1947年7月30日付の児童福祉法立法会議に向けた予想質問答弁資料）。

でという留保』なしに――責任を負わなければならないことになっているからである。」という。

3 若干の検討

(1) 「無条件の保障義務」と「可能性の留保」

保障責任（Gewährleistungsverantwortung）とは，私人が公的課題を全部または一部履行することになっている公共活動分野で，適切な課題遂行がなされることを保障する公行政の責任といわれている。判決は社会法典8編24条2項の「保育」保障義務は「無条件」ものであると言っており，それは既存の入所定員の枠内にとどまらず，必要な保育ポストを用意する義務に及ぶ，という。この場合「保障」の程度がどのようなものであるのか，「結果責任」なのか「見守りとしての保障」にとどまるのか，が問題になる。

ドイツでは，1960年代後半大学進学希望者が急増したにもかかわらず大学新設が進まず各大学が入学定数枠を定めたことに対し「大学入学請求権」訴訟が提起されたことがある。連邦憲法裁判所が1972年に，一方で教育場所を選択する権利を「配分請求権」として憲法上認められるとしたうえで，他方でそれには「個人が理性的に社会に要求できるものの範囲にとどまる」という「可能性の留保」の枠がある，という判決を出している(9)。

本件判決は既存の保育所入所定員に縛られない「無制限の保障義務」を認めている。しかしそこでは上記の連邦憲法裁判所が言うような「可能性の留保」については触れられていない。学説にも，保育ポスト確保に関しては，そもそも「可能性の留保」という制限は存在しない，という主張も見られる。それは，大学入学請求権のように個別法に依拠せず憲法上直接導出された権利とは異なり，保育ポストについては社会法典8編で権利として定められているのであり，そうした抗弁は認められない，というものである(10)。

(9) 戸波江二「教育場所選択の自由と大学入学請求権――定数制判決」『ドイツの憲法判例〔第2版〕』（信山社，2003年）。

(10) Dr. Karl-Georg Mayer, “Kita-Plarze hat man zu haben“ (VerArch 3/2013), S.351f.

ただ保育ポスト確保の関係で「可能性の留保」を論じうるとすれば，二つの場面が考えられ，「保育」の保障に関して「無制限の保障義務」が語られたとしてもさらに論ずるべき問題が残されているように思われる。

つまり，一つにはそもそも保育ポストが存在しない場合にどのように現実に保育ポストを用意するように法的に強制することができるのか，という問題である。さらにもう一つは，現実に保育ポストが確保できなかった場合，本来的請求としての保育ポスト確保に代わる二次的権利としての損害賠償請求権にかかわって，抗弁として「財政的限界」が「可能性の留保」として容認される余地はないのか，という問題である。

⑵ 保育ポスト確保を求める法的手段

ドイツでは，1998 年以後満 3 歳以上児について「幼稚園」通所を求める権利が認められており，その関係で，この権利の充足を求める行政訴訟がすでに数多く提起されている。そしてこれを仮の義務付けとして認容した例も多く存在する。

しかし今回の訴訟では，そうした行政訴訟の提起なしに損害賠償請求が提起されている。

そしてそもそも行政訴訟として行政に保育ポスト確保を義務付けることができるのか，その法的効力と実効性はあるのか，が問題になっている。

本件訴訟の 1 審判決が，その点について，興味深い指摘を行っている。

民法 839 条の職務義務違反の損害賠償に関する規定には「損害賠償義務は，被害者が法的手段を行使することで損害を回避することを故意または過失のより怠った場合には発生しない」（同条 3 項）という規定が置かれている。この関係で 1 審判決は，原告が行政訴訟を提起しなかったことについて次のように述べている。つまり行政法上の仮の救済手続きを開始したとしても，原告が希望する期日に子どもについて保育ポストを利用できるようにならないことは明らかである，というのである。そして，それゆえ，原告が損害賠償請求を提起する前に行政法上の救済手続きをとらなかったことは，損害賠償を認める妨げにはならない，というのが 1 審裁判所の判断であった。

行政法上の義務付けなどの訴訟は数多く提起され，原告住民側の請求を認める判決も多いが，他方で，その実効性には疑問が提起されている，ということになる。

しかし他方では，保育ポストを現実に確保するということと損害賠償請求との関係を考えるうえで，さらに，次のような学説上の主張にも注目すべきあろう。

つまり，給付主体，つまり，本判決の場合ライプチッヒ市が，法律上の保障義務を負っているにもかかわらず，損害賠償請求などあらゆる法的手段を尽くそうとする権利主張者に対してのみ，わずかな損害賠償を支払うだけで，結果的には実際には保育ポスト確保のために何もしないでそうした保障義務を免れることになるのは，立法者の本来の立法目的に反するもので容認できない，というのである(11)。

保育ポストを実際に提供するという本体的権利内容実現を法的にどのように確保するのか，という問題のむつかしさを示している。この点では，スウェーデンで，障がい者や高齢者の「援助を受ける権利」が「資源の不足・欠如により制限されてはならない」とされ，そうした裁判所の判断に自治体が従わない場合には「制裁金」を課す，という制度が採用されていることが紹介されており，注目される(12)。

(3) 損害賠償における過失の認定

また，ある意味「可能性の留保」の変形として，損害賠償請求における職務義務者の過失の認定と財政上の限界という抗弁の問題が存在する。

本判決は，財政上の限界を抗弁としては認めない，と判断しているが，「一般的な自治体の財政困難を指摘することで，給付主体としての自治体の無過失の推定ができる」とする学説も引用し，議論の余地があることを認めているところが見られる。

---

(11) Ebenda, S.352.

(12) 高田清恵「スウェーデン社会サービス法における援助を受ける権利の保障——2006年法改正を中心に」社会保障法学会，社会保障法24号（2009年），92頁以下。

控訴審判決も，子どもの保育ポストを求める権利に対応する職務義務は既存の入所定員の枠内にとどまるものではない，という連邦通常裁判所判決に通じる判示をしている。しかし，当該職務義務違反の過失の認定についてはかなり限定的な姿勢を示している。

つまり，控訴審判決は，そもそも親は職務義務の保護の範囲に入らないという結論を示した関係で最終的な過失認定は行なっていないが，一応次のような見解を示している。すなわち，「(「保育」事業──引用者注）計画が，非難に値するような不適切な事実的基礎から出発しているか，あるいは非難に値するような不当な推論によって結論が引き出されているかしている場合にのみ，被告は責任追及の非難が浴びせられることになるであろう，ということだけ指摘しておきたい。その場合，自治体は，節約的で経済的な資金利用を行う義務を負っていること（ザクセン自治体法72条2項)，そして通常『予測についての裁量』が認められているのであり，その範囲内であれば，きわめて多様な決定が批判対象とはならないであろう，ということも考慮されなければならない。」という指摘を行っており，どちらかというと財政事情による抗弁を認める幅が広いように思われる。

⑷ 保育ポストを求める権利の内容としての「保育」施設と「家庭的保育」

本判決は，保育ポスト提供義務の内容を，「保育」施設か「家庭的保育」かのいずれかを提供することである，と解している。つまり，「保育」施設入所を希望している者に「家庭的保育」を割り当てても，それで給付主体の職務義務は果たされているとする立場に立っていると考えられる。つまり，本判決は，条文が「又は（oder)」で両者を並列していることを理由に，いずれかが提供されれば給付主体の職務義務は履行されたものとする，という判断を示したものとなっている。

しかしこれについては，それでは保障義務を果たしたことにならないと考える裁判例も学説も根強く存在し，見解は分かれていた。つまり，「保育」施設での保育を希望している場合には，「家庭的保育」を割り当てることで保育ポストを求める権利は充足されない，という立場である。この立場は，ドイツの社会法典8編が5条で，給付権者の選択権を認めており，また，法24条2項も2文で保育の範囲は個別事情による，という同条1項3文の準用を認めていることなどを理由としてあげる。

それだけでなく，「家庭的保育」の場合，給付主体が親から徴収する保育料以外に，保育提供者自身が親から追加的料金を徴収する事例や，保育の提供時間帯が午前か午後に限定されていて，親の就労とマッチしないなどの問題が存在しているようである。

ただ，最近，連邦行政裁判所も(13)「保育」施設と「家庭的保育」との間には「真の選択権 echter Alternativanspruch」は認められない，という判決を出している。

4 さいごに

「保育」をめぐってドイツでも立法や政策と具体的権利保障とのせめぎあいが続いている点で，日本の状況に相通ずるものあるように思われる。

ただ，ここで紹介した連邦通常裁判所が示す次のような論理，すなわち，給付主体は，保育ポストを利用できるように保障する職務義務を負っており，これは「無条件の保障義務」であり，既存の入所定員の枠内に限定されるものではない，という論理は，その後連邦行政裁判所も確認している(14)。また連邦憲法裁判所も，当該事案の争点は連邦立法管轄権をめぐるものであるが，同旨の判決を出している(15)。

こうした法原則が個々の事案における具体的実効性確保にどうつながっているのかについては，ドイツの「保育」行政の実態をさらに調べなければならないであろう。ただ，親に対する損害賠償請求を認めたこの判決は，個々の事案についての具体的解決をこえて，立法者，行政担当者（特に自治体

(13) BVerwG vom 26.10.2017 (5 C 19/16).

(14) Ebenda. この判決は，具体的事案については原告の請求を棄却しているが，社会法典8編24条2項1文の3歳未満児の「保育ポスト」を求める権利は，定員がいっぱいであるという抗弁で制限できないことを確認している。

(15) BVerfG vom 21.11.2017 (2 BvF 2177/16).

の）の予算配分の方向付けに影響を与えていると言われている。

上級行政裁判所の裁判長のMayerが，「立法者は，財源が足りない場合に立法者にできることは，十分な福祉を行うという法（給付法）を撤回することが残されているだけだということを知らならなければならない。行政裁判所がそのことを，権利を財政的に可能な範囲，あるいは現実のその時々に可能なものの範囲に，目的論的に縮減するという方法で，立法者に代わって『処理してくれる』ということを期待することはできない。」と述べている(16)。ドイツの法律家の矜持を示しているように思われる。

(16) Mayer, ebenda., S.352 Anm.58.

7　市町村の「保育の実施義務」

田村和之

市町村の保育の実施義務について定めている児童福祉法24条1項は，2012年8月に改正され（法律67号），2015年4月から施行されている（この児童福祉法改正を「2015年改正」ということがある）。改正された現行規定（以下では「改正24条1項」ということがある）の理解・適用をめぐる三鷹市保育所入所申請却下に係る損害賠償請求裁判・第一審東京地裁立川支部判決（2016年7月28日，『賃金と社会保障』1678号61頁），控訴審の東京高裁判決（2017年1月25日，『賃金と社会保障』1678号64頁）が出され，いずれの判決も，保育所入所申込みで落ちた母親による損害賠償請求を退けた。そのうち東京高裁は，保育所の定員を上回る需要があることを理由に，保護者の希望する保育所への入所を不承諾としても，児童福祉法24条1項に定められている市町村の義務に違反したということはできないとした（東京地裁立川支部の判断はやや異なる。本裁判について，詳しくは本書第3章参照）。

この裁判は，子どもAの保育所入所申込みを行った東京都三鷹市の市民が，同市長による不承諾決定を違法であるとして同市を被告として提起したものである（三鷹市保育所入所申込み不承諾裁判）。筆者の知る限りでは，本件は，2015年改正による改正24条1項施行後（言い換えれば新保育制度の実施後），保育所入所申込み拒否が裁判で争われた最初の事例である。

前記の児童福祉法24条1項に定められた市町村の義務とは，市町村に課せられた，保育を必要とする児童を保育所において保育しなければならない義務（保育の実施義務）であり，一般には2015年改正の前後を通じて同条1項に定められていると理解されている。東京高裁は，保育所の定員を上回る入所申込みがあるときは，市町村はこれを拒否してよいというのであるから，保育の実施は保育所入所申込者が定員の範囲内にある限りで市町村に課せられた義務であると理解し，需要を上回る保育所定員が用意されていれば（そのような保育所整備がされていれば），市町村は保育の実施義務を負わされているということができるが，同法24条1項はそのような保育所整備を市町村に一義的に義務づけていないとした。

最近，保育待機児童の問題に関心が寄せられ，その解消が叫ばれているが，東京高裁判決のような判断によれば，待機児童が生じても法的には致し方ないということになる。

そこで，あらためて市町村の保育の実施義務（保育義務）について考えてみることにしたい。

1　児童福祉法24条1項（2015年4月改正以前）

保育の実施義務は児童福祉法24条1項に定められている。この規定は，同法の制定以降，数回の改正を受けている。まずは，その主な改正を振り返り，内容を確かめておきたい。

(1)　制定当初の24条

児童福祉法は1947(昭和22)年12月に制定された（法律164号)。当初の同法24条は次のような規定である。

「市町村長は，保護者の労働又は疾病等の事由により，その監護すべき乳児又は幼児の保育に欠けるところがあると認めるときは，その乳児又は幼児を保育所に入所させて保育しなければならない。但し，附近に保育所がない等やむを得ない事由があるときは，この限りでない。」

本条本文によれば，市町村は「保育に欠ける」乳幼児を保育所に入所させて保育すること（保育の実施）を義務づけられているが，「附近に保育所がない等やむを得ない事由があるときは」免責されている（ただし書)。したがって，保育所の定員が不足し「やむを得ない」と考えられる場合，市町村は本条本文の保育の実施義務を負わないと理解された。

① 児童福祉法24条1項（2015年4月改正以前）

⑵ 1949年改正

このただし書は，1949年の同法改正（法律211号）により，次のように改められた。

「但し，附近に保育所がない等やむを得ない事由があるときは，その他の適切な保護を加えなければならない。」

この改正の趣旨について，厚生省児童局は，ただし書の「『この限りでない』というのは『保育所に入所させて保育しなくてもよい』という意味であって一般に保育はやらなくてもよいという意味でない……。この趣旨を徹底するために但書の改正が行われたのである。」と説明した（傍点は原文）(1)。この改正により，保育所が不足する場合であっても，市町村には保育所入所・保育に代わる「適切な保護」を加える義務（代替的保護義務）があるこ

---

(1) 厚生省児童局「児童福祉法の一部を改正する法律案逐條説明」
このただし書改正法案について，小島徳雄厚生省児童局長は，次のように説明した。「保育所の場合においても，保育所がない場合には放置しておいていいかという問題になりますれば，たとえば晝間里親という制度もありますし，いろいろ保護の必要がございますから，施設がないから放任しておくという考え方は，この際いけないのじやないか，でき得る限りありとあらゆる方法によつて保護を加えて行かなければならぬ，こういう精神をうたつておるのであります。」『衆議院厚生委員会議録』17号（1949年5月10日）7頁。「母子寮，保育所が市町村においては，特に法令的な措置といたしましては，何らなされなくてもいいような誤解を生じまして，いろいろその点につきましてその兒童福祉の方面から困難な問題が生じたのが相当あります。……従いまして母子寮，保育所がなければ，市町村といたしましては，適当な措置をしなければならんという意味におきまして，今のような規定を設けたのであります。具体的な問題として，然らばどういうことを市町村長はしたらいいかというような問題になりますと，各市町村によりまして多少事情が違うと思うのでありまするが，或いは母子寮に代るべき他の施設がある，或いは又適当な民家を以ちまして，これら母子の適当な施設をやることができますれば，その措置を講ずるというようなことをいたしまして，少くとも市町村長といたしましては，母子寮，保育所がなければ困つておる家庭があつてもそれは放任するというような，法の形式というものは改めなければならん。実際問題となりますれば相当市町村の場合におきましても，困難な場合があると思いますが，そういう規定の形式によりまして，市町村長がそれぞれその市町村内の事情に即しまして適当な保護を加える。こういうふうにした方が適当である，かような意味で改正したのであります。」『参議院厚生委員会会議録』22号（1949年5月12日）3頁。

とが明確にされた。したがって，市町村は，「保育に欠ける」児童について，原則として保育所に入所させて保育しなければならないのであり，例外として「やむを得ない事由があるときは」これに代わる適切な保護を行うことを義務づけられた。つまり，「保育に欠ける」児童は，保育所入所・保育またはこれに代わる適切な保護を受ける権利を有するということである。

このような児童福祉法24条ただし書の改正が行われたにもかかわらず，大半の市町村は，このただし書の定める代替的保護義務を履行しなかった（保護義務の懈怠・不履行）。実定行政法規が無視され，実施されないという異常事態であったが，これをとがめ，是正しようとする動きは大きくはならなかった[(2)]。その結果，行政の実態を前提にしていえば，同法1949年改正後も，保育所入所申込みがあったとき，定員不足を理由とした申込み拒否はやむを得ないことであるとされた。

その後，児童福祉法24条は1997年に改正され（法律74号），それまでの同条の規定は，改正後は同条1項とされた（1998年4月施行）。

2008年には，家庭的保育事業の法定化を図る児童福祉法の改正により（法律85号，2010年4月施行），同法24条1項ただし書は次のように改正された。

「ただし，保育に対する需要の増大，児童の数の減少等やむを得ない事由があるときは，家庭的保育事業による保育を行うことその他の適切な保護をしなければならない。」

この改正は，1997年改正の24条1項ただし書の法意に変更を加えていない。

以上により明らかであるが，児童福祉法の1949年改正以降，同法24条（1項）ただし書は，保育所入所要件を具備する子どもを保育所に入所させる

---

(2)　一部の地方自治体はただし書の存在に気付いていた。例えば，東京都は，1968年度以降，一定の基準を満たした無認可保育施設を「保育室」と呼び，児童福祉法24条ただし書（当時）の保護を行うことを内容とする区市町村の保育室運営事業に対し補助金を交付している。なお，同都が2001年度から実施している認証保育所事業は，同条1項ただし書とは無関係に行われてきた。

ことができないときは，代替的に「その他の適切な保護」を行うことを市町村に義務付けていた。したがって，同法24条（1項）は，1949年以降，市町村は保育所入所要件を具備する子どもを保育所に入所させて保育しなければならないのであり，定員等の事情により保育所で保育することができないときは，保育所保育に代わる「適切な保護」を行わなければならないことを定める規定であった。ただし，多くの市町村は，この義務（保育所で保育する義務，および，これに代わる適切な保護を行う義務）を履行せず，待機児童を発生させても致し方ないという態度をとってきた。

(3) 裁判例

次に，改正前の児童福祉法24条（1項）ただし書の定める市町村義務に関する裁判例を紹介する。

① 東京地裁1986年9月30日判決（『判例タイムズ』621号，『判例時報』1218号）は，次のように判示した。

入所を希望したA保育園 の0歳児定員は3名であり，他に優先する「保育に欠ける」子どもがいた。また，入所希望のB保育園 は0歳児保育をしていないから，福祉事務所長が入所不措置処分をしたことは相当であり，違法とはいえない。市に零歳児保育施設の「整備拡充を図るべき政治的責任があるのは当然としても……違法と評価するほど明白かつ著しい懈怠があると解することはできない。」児童福祉法24条によれば，「保育に欠ける」児童について，入所措置をするか代替措置（ただし書の「適切な保護」）をしなければならないが，市の入所措置を受けられなかった間，原告は無認可保育施設を利用し，市は同施設に補助金を交付しているのだから，他に代替措置をとらなかったとしても違法とはいえない。

② 大阪地裁2002(平成14)年6月28日判決（『賃金と社会保障』1327号，裁判所ウェブサイト）は，次のように判示した。

児童福祉法24条本文によれば，「市町村は，児童の保護に欠けるところがあると認めるときは，『やむを得ない事由』がない限り，当該児童を保育所に入所させて保育する措置を採る義務があるのであり，『やむを得ない事由』がないにもかかわらず，保育所に入所させることなく保留処分を行った場合には，当該保留処分は違法である」。福祉事務所長は合理的な選考基準を策定し，これによって保育の必要性が高い他の児童を優先的に入所させたために，原告の児童達を入所させることができなかったのであるから，「やむを得ない事由」がある場合にあたる。市町村が，保育に欠ける児童につき保育所に入所させて保育する措置を採らなかったうえ，「その他の適切な保護」を加えなかった場合には，同法24条ただし書に反し違法である。本件では，原告の児童達は，被告の市が補助金を交付した簡易保育施設で保育を受けているから，「その他の適切な保護」が行われている。

③　さいたま地裁2004(平成16)年1月28日判決（『判例地方自治』255号78頁）は，次のように判示した。

原告は児童福祉法24条1項の「保育に欠ける」児童であったから，市は特段の事情がない限り，保育所において保育しなければならない義務が課せられている。しかしながら，同項ただし書は，やむを得ない事由があるときは保育所入所以外の保護を行うことを認めている。原告の障害の程度の場合，「やむを得ない事由」に該当するというべきである。「保育に欠ける児童について『付近に保育所がない等やむを得ない事由』があるときは，市町村がそれらの児童を保育所に入所させて保育を実施しなくとも違法ではないが，その場合それに代替して『その他適切な保護』を加えなかった場合には，かかる市町村の不作為は法24条1項ただし書に反し違法となる」。被告の市は，原告について保育所における集団保育になじまないと拒否しておきながら，特段の代替的措置をとることなく放置したと評価されてもやむを得ない。そうすると，本件の場合，被告・市には，同法24条1項ただし書に定める代替的保護義務違反があったといわざるを得ないので，被告の市は右違反に伴い生じた原告らの精神的損害に対し賠償する義務がある

以上のように，改正前の児童福祉法24条1項について，裁判例はこぞって，保育に欠ける子ども（入所要件を具備している子ども）の保育所入所・保育を受ける権利を，「やむを得ない事由があるとき」はその他の適切な保護を受ける権利を承認している。そのうえで，①および②判決は，同項ただし書の適切な義務は履行されていると判断し[(3)]，③判決は，同義務は履行され

(3)　改正前の児童福祉法24条1項ただし書は，市町村が「適切な保護」を行うことを定めている。この場合，保護を行う主体は市町村である。①および②判決は，市町村が民間無認可保育施設（民間の事業）に対して補助金を交付したことをもって「適切な保護」が行われたと判断したが，公益性があると認められる民間等の事業を援助・助長する（地方自治法232条の2）ために補助金を交付したとしても，市町村が「保

ていないと判断し，市に対して損害賠償を命じた。筆者の知るところでは，児童福祉法24条1項の義務に違反したとして市町村に損害賠償を命じた裁判例は，これまでのところ，さいたま地裁判決だけである。

ところで，改正24条1項は，市町村は保育を必要とする子どもを保育所において保育しなければならない旨を定めるが，従前と異なり同項にはただし書は定められていない。したがって，現行規定は，「やむを得ない事由があるとき」のその他の適切な保護を受ける権利（市町村の代替的保護義務）を定めていない。

2 児童福祉法24条の2015年改正

(1) 改正24条1項～3項

児童福祉法の2015年改正後の同法24条1項は，次のような規定である。

「市町村は，この法律及び子ども・子育て支援法の定めるところにより，保護者の労働又は疾病その他の事由により，その監護すべき乳児，幼児その他の児童について保育を必要とする場合において，次項に定めるところによるほか，当該児童を保育所……において保育しなければならない。」（第1項）

この規定に関係を有する同条2項および同条3項（同法73条1項により，当分の間読替えられることになっているので，読替え後の規定）も紹介する。

「市町村は，前項に規定する児童に対し，認定こども園法第2条第6項に規定する認定こども園（子ども・子育て支援法第27条第1項の確認を受けたものに限る。）又は家庭的保育事業等（家庭的保育事業，小規模保育事業，居宅訪問型保育事業又は事業所内保育事業をいう。以下同じ。）により必要な保育を確保するための措置を講じなければならない。」（第2項）

「市町村は，保育所，認定こども園（子ども・子育て支援法第27条第1項の確認を受けたものに限る。以下この項……において同じ。）（保育所であるものを含む）又は家庭的保育事業等の利用について調整を行うとともに，認定こども園の設置者又は家庭的保育事業等を行う者に対し，前項に規定する児童の利用の要請を行うものとする。」（読替え後の第3項）

2015年改正により，児童福祉法24条1項は，従前の「保育に欠ける」が

護」したことにならない。

「保育を必要とする」に改められ，また，「次項に定めるところによるほか」が加えられ，ただし書が削除された。同条2項は新設の規定であり，「前項に規定する児童に対し」認定こども園または家庭的保育事業等により「必要な保育を確保するための措置を講じ」る義務を市町村に課した。読み替え後の同条3項では，市町村による利用の「調整」と「要請」を定めている。

以上のような児童福祉法24条の改正のねらいは，どこにあったのであろうか。

⑵　社会保障審議会少子化対策特別部会第1次報告

この児童福祉法改正の出発点となったのは，社会保障審議会少子化対策特別部会第1次報告「次世代育成支援のための新たな制度体系の設計に向けて」(2009年2月24日。以下では「特別部会報告」という）である。この報告は，改正前の保育制度について，次のような認識を提示した。

> 「現行制度では……市町村による義務履行（＝公立保育所において自ら保育するか，私立保育所へ保育を委託）を通じて，保護者に認可保育所が利用される仕組みとなっている。
>
> ただし，『保育の実施義務』には例外が設けられており，『付近に保育所がない等やむを得ない事由』があるときは，『その他の適切な保護』（認可外保育施設のあっせんでも可）もありうるという制度になっている。
>
> このように，現行制度においては，個人が保育サービスを利用できるか否かが市町村の判断に委ねられており，特に，地域に認可保育所が足りない場合には，『保育に欠ける』と判断される場合であっても，市町村が財政状況との兼合い等で，支援を受けられないことも許容せざるを得ない仕組みとなっている。このように，個人に対しては，権利としての利用保障がなされていない上，市町村に対しても，厳しい財政状況との兼ね合いから認可保育所の基盤整備が困難な仕組みとなっている。」(下線は筆者)。

この文章の意味は必ずしも明確でないが，「現行制度においては……権利としての利用保障がなされていない」との見解が示されている（下線部分)。しかし，前述のように，この報告書が出された当時の児童福祉法24条1項は，保育に欠ける子どもの保育所入所・保育またはこれに代わる適切な保護を受ける権利を保障していたのは明らかであり，「権利としての利用保障がなされていない」という理解は誤りである。また，同項ただし書は「地域に認可保育所が足りない場合には」「その他の適切な保護をしなければならない」と定め，市町村に対し代替的保護義務を課していたのであるから，「財政状況の兼合い等」を理由に，保育に欠ける子どもを「支援」する必要がないなどといえないことも明らかである（前述のさいたま地裁判決参照）。

あるいは，特別部会報告は，保育所利用の権利性が損なわれているのは当時の児童福祉法 24 条 1 項にただし書が付けられているためであるとし，ただし書をなくせば保育所利用の権利性を確立できると考えたのかも知れない。しかし，この考えがまったくの誤りであることは，改正 24 条 1 項に関する前述の東京高裁判決を想起すればよい。同報告は，このような「欺瞞的な」見解をもとに児童福祉法 24 条改正を図ったというべきであろう。

(3) 市町村の保育の実施義務の「復活」

政府は，特別部会報告を踏まえて保育制度改革を推進し，2012 年 3 月に国会に提出した児童福祉法改正法案（いわゆる保育新システム関連法案の一部である）では，同法 24 条 1 項から市町村の保育の実施義務を定めた第 1 項を削除していた。

この法改正案に対しては強い批判が起こり，同年 6 月 15 日のいわゆる 3 党合意（与党の民主党と野党の自民党・公明党の密室協議による）により，市町村の保育の実施義務は「復活」することになった。すなわち，3 党の「社会保障・税一体改革に関する確認書（社会保障部分）」に，「市町村が児童福祉法第 24 条に則って保育の実施義務を引き続き担う……」と記述され，保育新システム法案を大幅に修正した法案（以下では「修正法案」という）が，議員提案の形で国会に提出され，これが成立法となった。こうして改正児童福祉法 24 条 1 項が定められたのである。

児童福祉法 24 条 1 項の保育の実施義務は「復活」したが，それまでの同項ただし書は「復活」しなかったことに注意する必要がある。

2012 年 6 月から 8 月にかけて国会両院の本会議および特別委員会で修正法案が審議され，以下のように，改正 24 条 1 項はそれまでと同じように市町村の保育の実施義務を定めた規定であると説明された。

「児童福祉法については，現行どおり，第24条第1項に基づき，市町村が保育の実施義務を担うこととする」（修正法案提出者の和田隆志衆議院議員の説明。「参議院会議録」2012年7月13日，5頁）

「（修正法案は）市町村の実施義務をしっかりと確保しておりますので，入所申し込みが来た場合に，市町村は保育所において保育をしなければならないということになっておりますし，そうはいいながら，今も，保育ができていない，市町村がしっかりと保育を手当てできていないという場合がございますので，そういう場合に関しても，さらに自治体の責任というものを今回重くしておるということでございます」（修正法案提出者の田村憲久衆議院議員の答弁。波線は筆者。衆議院「社会保障と税の一体改革に関する特別委員会会議録」2012年6月25日，39頁）(4)(5)

修正法案提出者である田村憲久議員は，引用文の破線部分で，市町村は保育所においての保育を手当できていない場合があるが，そのような場合に関しても今回の改正案はさらに自治体（市町村）の責任を重くしていると述べている。この説明の趣旨は判然としないところがあるが，次の二通りの理解が可能であろう。すなわち，ⓐ改正前の24条1項ただし書に定められていた代替的保護義務が改正後の同項では定められていないから，市町村は文字どおり保育の実施（保育所保育）義務をはたさなければならないという理解である。このような理解は，同項の文理解釈として成り立つ余地がないわけ

(4)　筆者は，修正法案の国会審議のあらましを『保育情報』2014年5月号，6月号，7月号，9月号で整理・紹介しているので参照されたい。

(5)　補足すれば，改正法の公布直後の9月18日，内閣府は「地方自治体職員向けQ&A」を公表し（内閣府ウェブサイト），次のような見解を示した。

Q「児童福祉法第24条第1項は残ることになりますが，市町村の保育の実施義務が後退することはないと考えてよいのでしょうか。」

A「児童福祉法第24条第1項に規定されている保育所の保育に関しては，新制度の下でも，引き続き，現在の制度と同様に，市町村が保育の実施義務を担うことにしました。

　これにより，保護者が保育所での保育を希望する場合は，現在と同様，施設ではなく市町村に申し込み，保護者が市町村と契約して利用する仕組みになります。また，私立保育所に対しては，保育の実施義務を担う市町村から委託費が支払われ，保育料の徴収も市町村が行うこととします。（以下略）」

ではない。また，次のような理解も可能であろう。ⓑ改正後の同項には「次項に定めるところによるほか」と定められているところ，次項すなわち改正後の児童福祉法24条2項（前述）は「前項に規定する児童」（つまり「保育を必要とする児童」）について認定こども園や家庭的保育事業等により「必要な保育を確保するための措置を講じ」ることを市町村に義務づけている。この義務は市町村の法的義務であるとする理解である。

ⓐは，前述の東京高裁判決のような理解があることを考慮すれば，保育を必要とする子どもに対する市町村責任を重くしたことにならないであろう。ⓑの理解が成り立つかどうかについては，項をあらためて検討しよう。

3 現行児童福祉法24条の市町村の保育の実施義務

(1) 問題点

改正前の24条1項は，保育所の定員不足を想定してただし書を定め，定員を超えた入所申込みがあったときは「入所する児童を公正な方法で選考する」ことにしていた（改正前の同条3項）。この選考の結果，保育所入所が認められなかったとしても，「保育に欠ける」児童は代替的に「適切な保護」（ただし書）を受ける権利を有することは前述した。

改正24条1項は，市町村は「保育を必要とする」子どもについて保育所で保育しなければならないと定めるが(6)，ただし書を定めてはいない。内閣府政策統括官（共生社会政策担当）・厚生労働省雇用均等・児童家庭局長連名通知「児童福祉法に基づく保育所等の利用調整の取扱いについて」（2015年2月3日，府政共生98号・雇児発0203第3号）によれば，「利用定員を上回る

(6) 市町村の保育の実施義務は，市町村が自ら設置運営する保育所において履行されるべきものであるが，私立保育所に対して保育を委託することによっても履行できる。この委託は，市町村と私立保育所の間で締結された契約（委託契約）によるものである。このような市町村による私立保育所等への保育委託を明記した法規定はないが，保育所保育のような地方自治体の非権力的事務は，明文の根拠規定がなくても契約により委託できると理解されている。改正前の24条1項による市町村による保育の実施についても，同様に理解されていた。念のため述べれば，子ども・子育て支援法附則6条1項は，市町村による保育委託の根拠規定ではない。

場合，当該特定教育・保育施設等は，保育の必要度の高い順に受け入れることが求められている。そのため，市町村がすべての特定教育・保育施設等に係る利用調整を行う」とされ」，保育所等の定員不足の場合の利用調整，すなわち入所・利用児童の選考が行われるとしている(7)。現実の市町村行政をみても，この利用調整（選考）が行われ，待機児童が発生しているのであるが，改正24条1項にはただし書が定められていないから，もはや待機児童が代替的に「適切な保護」を求める法的根拠はない。

このように考えると，改正24条1項のもとでは，保護者は保育所定員が不足していない場合には保育所入所を求める権利が保障されているが，定員不足のために利用調整（選考）が適正に行われた結果，利用拒否（利用申込み不承諾）されたとしても，権利侵害に当たらないということになる。前述の東京高裁判決は，このような判断を行って，原告（控訴人）の損害賠償請求を退けたのである。

ここで疑問が生じる。すなわち2015年改正は保育所利用の権利性を確立するため，あるいは，市町村の責任を重くするために行われたはずであるのに，実際には，改正24条1項にただし書が定められなかったため，逆の結果になってしまっているのではないか，ということである。

この疑問に対しては，改正24条1項には「次項に定めるところによるほか」という文言が定められ，同条2項の定めるところにより市町村は「必要な保育を確保する措置を講じなければならない」ことになっているという答えが返ってくるかも知れない。そこで次に，この第2項の措置を含めて改正24条の意味するところについて検討する。

---

(7)「利用調整」は改正24条3項（読替え後）が根拠規定である。修正法案の国会審議では，利用調整は利用先をどこにするかという問題として議論されていた。『保育情報』2014年6月号68～69頁。しかし，この通達は，利用調整は利用申込者の選考を意味すると理解している。

なお，内閣府「自治体向けFAQ（第16版）」No.50（2018年3月30日。内閣府ウェブサイト）13頁によれば，「直接契約の施設であっても，利用調整の結果は事実上入所の可否を左右するものであり，処分性がある」とされる。これによれば，利用調整（選考）の結果は利用決定と同じものであることになるが，疑問である。

(2) 改正児童福祉法24条2項

改正24条1項は，市町村は児童が「保育を必要とする場合において，次項に定めるところによるほか」，保育所で保育しなければならないと定める。この「次項に定めるところによるほか」をどのように考えるかについては，次の二通りの理解があり得る。

一つは，市町村は，まずは第2項の措置を優先させて行うという考え方である。「次項に定めるところによるほか」という文言からは，このような理解は法文の文理に即したものであり，法解釈として十分に成り立つように思われる。しかし，改正24条1項の趣旨は市町村の保育の実施義務を定めるところにあり，このような理解はこれを没却するものであって，立法過程においてもまったく想定されていないものである（法文解釈としてこのように理解するほかないとすれば，この文言を定めたことは立法の瑕疵であるというべきであろう）。もう一つの理解は，保育の実施と第2項の措置は保護者の選択に委ねられているとする理解である。このように理解したときの問題点は，第2項の措置と第1項の保育の実施とがバランスがとれているかである。

第2項の趣旨について，修正法案の提出者の国会における説明は必ずしも明瞭でなく，市町村に対して保育所以外の認定こども園や家庭的保育事業等の整備・確保のための財政措置を促すもの（市町村の努力義務）であると説明している[(8)]。この財政努力義務と保育の実施義務とはまったく異質であり，バランスがとれない。そのようなものを保護者に保育の実施に代えて選択させるという法的仕組みは，まったく不合理である。

第2項の「必要な保育を確保するための措置」については，別の考え方があり得る。すなわち，この規定を字句どおりに読んで「必要な保育を確保する」措置とは，財政措置だけでなく，「必要な保育」そのものを確保する措置であるとする理解である。このように理解する場合，認定こども園および家庭的保育事業等の利用は当事者間の契約（直接契約）によるものであり，市町村が決定して行うものでないという問題がある。この問題をどのように

(8) 『保育情報』2014年6月号64〜66頁。

して解決するかが示されなければ，この理解は成り立たない。

筆者の試論的な理解を示そう。第2項によれば，市町村は，「前項に規定する児童」つまり「保育を必要とする」児童に対し，認定こども園または家庭的保育事業等により「必要な保育を確保するための措置を講じなければならない」。つまり，市町村は，要保育児童を認定こども園または家庭的保育事業等により保育することを義務付けられている。この義務は，第1項の保育所保育の実施義務に代わるものであるととらえれば，代替的保育義務ということができる。このように考えれば，現行児童福祉法24条の1項および2項は，市町村に対し，保育を必要とする児童を保育所または認定こども園・家庭的保育事業等において保育することを義務付けているということができる。したがって，市町村は，保育所で保育できない場合であっても，認定こども園や家庭的保育事業等において「必要な保育を確保」しなければならないのである(9)。

新保育制度実施後，多くの市町村では，保育所入所申込みと同時に認定こども園または家庭的保育事業等の利用希望を提出させているが（しばしば「保育利用の申込み」という文言がつかわれている），認定こども園や家庭的保育事業等の利用を決定することは市町村の事務・権限であるとしている。このような市町村行政のあり方は，改正児童福祉法および子ども・子育て支援法の趣旨と仕組みを越えるものであり，違法であると解される余地がないとはいえないが，法解釈の一つとして，検討されてよいと考える。

この試論的な理解によれば，市町村は保護者の申込み（選択）を受けて，認定こども園，家庭的保育事業等における保育を行うことを決定し，当該保育施設・事業に保育を委託することになる。

(3) 市町村の「必要な保育確保」義務

市町村に必要な保育所，認定こども園または家庭的保育事業等が用意されていいないときは，改正24条1項および同条2項は実施できない。このよ

(9) このような仕組みは，保育所に保育の実施義務を負う市町村が，私立保育所に保育委託してその責めを果たすのと同じである。

うな事態を考慮してか，前述の東京高裁判決は，「保育所の定員を上回る需要があることを理由に」した入所申込み不承諾決定は許されるとし，さらに，保育所整備は「市町村の政策的，裁量的判断に基づく」ものであり，「すべての児童が入所できるだけの保育所の整備を一義的に義務づけている」とはいえないとする。

このような見解に対して，筆者は異論を抱いている。次のとおりである。すなわち，現行児童福祉法24条1項は，市町村に保育の実施を義務づけている。市町村はこの義務を履行するために，保育所を整備し定員を確保しなければならない（市町村の保育所整備・定員確保義務）。市町村は，この義務を誠実に履行して，保育所の定員不足が生じないようにしなければならない。このように保育所整備がなされていないとすれば，保育の実施義務は絵に描いた餅となる。このように考えれば，市町村が保育所整備義務を誠実に履行せずに，保育所の定員不足を理由に入所を拒むことは，保育の実施義務違反であるということができる。

市町村の保育所整備は，「政策的，裁量的な判断に基づく」ものでなく，児童福祉法が求めるものであり，保育所の定員不足を生じさせてはならないとの制約のもとに置かれているものである。市町村は，就学前の子どもの数（中でも保育を必要とする子どもの数）の状況，親・保護者の就労などの状況，さらには財政状況を考慮して保育所を整備しなければならない。そこに裁量の余地がないとはいえないが，考慮すべき事項についての判断を誤り，保育所の整備が不十分で定員不足を引き起こしたとすれば，市町村は保育所整備義務の違反を問われることになるだろう。

以上の理は，認定こども園または家庭的保育事業等の整備・定員の確保についても，まったく同じように妥当すると考えられる。

4 おわりに

筆者は，市町村の保育の実施義務を理解するにあたり，前述のさいたま地裁2004年1月28日判決を想起し，あらためてその意義を確認する必要があると考えている。この判決は，改正前の児童福祉法24条による保育の実施の不履行について損害賠償を命じた唯一のものである。また，ドイツ連邦通常裁判所の2016年10月20日の判決も参考にされるべきである。木下秀雄教授によれば（本書第6章），この判決は，わが子の保育委託先（保育ポスト）が見つからず仕事に復帰できなかった母親に対し，地方自治体に所得喪失分を損害賠償として支払うことを命じたものである。このドイツ連邦通常裁判所の判断は，児童福祉法24条と同じような内容を定めるドイツ社会法典8編24条に基づくものである。

これら彼我の裁判所の判断を参考にしつつ，児童福祉法24条1項・2項の定める市町村の保育義務の法的意味の理解について，一層の論議が展開されることを期待したい。

（付記）

本章は『賃金と社会保障』1678号（2017年3月下旬号）掲載の論稿を一部手直ししたものである。

8 子ども・子育て支援新制度における保育の利用の仕組みと子どもの保育を受ける権利

伊藤周平

1 問題の所在

2012年8月，民主党政権のときに社会保障・税一体改革関連法として，子ども・子育て支援法や改正児童福祉法（以下「2012年改正」という）など，子ども・子育て関連3法が成立，2015年4月より施行され，都市部で深刻化している待機児童の解消と子育て支援の充実を掲げて，子ども・子育て支援新制度（以下「新制度」という）がスタートした。

しかし，新制度になっても，待機児童は減少どころか増大し，また，保育の質の改善もほとんどなされず，3歳児の保育者の配置基準が改善されたにとどまる（従来は，子ども20人に保育士1人で単価設定されていたが，15対1に改善した施設に加算がなされる）。さらに，各地で保育料の値上げが続き，保護者の経済的負担が増大している。

以上のことをみても，新制度が，子育て支援の充実や待機児童解消を目的とした制度ではないことがわかる。新制度導入の目的は，従来の保育制度（市町村委託・施設補助方式，自治体責任による入所・利用の仕組み）を解体し，後述のように，介護保険と同じ給付金方式（費用給付給付費の支給）・直接契約方式（保護者の自己責任による利用の仕組み）に転換することにあった。給付金方式にすることで，これまでの補助金を廃止し，使途制限をなくして企業参入（保育の市場化）を促して保育提供の量的拡大を図るとともに，市町村の保育実施義務（保育の公的責任）をなくすことを意図して構築された制度といえる。

同時に，新制度では，保育所以外に，認定こども園や地域型保育事業も給付対象とすることで，多様な施設・事業が並存する仕組みとなった。現在の待機児童の8割以上を占める0～2歳児を対象とする，保育所保育に比べ保育水準が低い小規模保育事業（たとえば，B型は保育者の半分は保育士資格がなくても可）などを増やし，規制緩和と企業参入に依存して保育供給量を増やし，いわば安上がりに待機児童の解消を図ろうというわけである。

こうした政策意図のもと，児童福祉法24条1項に定められていた，市町村の保育所保育実施の義務は，当初の児童福祉法改正案では削除されていた。しかし，多くの保育関係者の批判と反対運動の結果，国会の法案審議過程で復活することとなった[(1)]。とはいえ，改正された児童福祉法24条1項には「子ども・子育て支援法の定めるところにより」との文言が新たに加えられた。子ども・子育て支援法は，認定こども園，幼稚園，保育所を「教育・保育施設」とし，支給認定を受けた子どもが，この教育・保育施設を利用した場合に，施設型給付費（給付金）を支給する仕組みで，給付金方式・直接契約方式を基本としている。保育所入所（利用）の場合のみ，市町村の保育実施義務が維持されたことで，保護者と市町村との契約という形をとり，保育料も市町村が徴収し，私立保育所には委託費が支払われる仕組みが残った（ただし，委託費は，施設型給付費の算定方法で計算された額を支給する。子ども・子育て支援法附則6条1項）。このように，新制度は，市町村委託方式と給付金方式という相異なる仕組みを併存させており，法的な不整合や矛盾が随所にみられる複雑な法制度となっている。

本章では，こうした新制度の法的な不整合や矛盾を踏まえたうえで，新制度における保育の利用の仕組みを考察し，子どもの保育を受ける権利という観点から改革案を提示する。

2　子ども・子育て支援新制度における保育の利用の仕組み

(1)　子どものための教育・保育給付の構造

子ども・子育て支援法は，児童手当を子どものための現金給付として位置づけるとともに（同法9条），子どものための教育・保育給付を創設し，これらを子ども・子育て支援給付と総称している（同法8条）。

---

(1)　この間の経緯については，伊藤周平『子ども・子育て支援法と社会保障・税一体改革』（山吹書店，2012年）70頁以下参照。

子どものための教育・保育給付には施設型給付費と地域型保育給付費があり，前者は，支給認定を受けた子どもが，認定こども園など特定教育・保育施設を利用した場合に支給され，後者は，小規模保育，家庭的保育，居宅訪問型保育，事業所内保育（以下，総称して「家庭的保育事業等」という）を利用した場合に支給される（子ども・子育て支援法27条・29条）。支給認定により，小学校就学前の子どもは，①保育を必要としない満3歳以上の子ども（子ども・子育て支援法19条1項1号に該当するので「1号認定子ども」という。以下同じ），②満3歳以上で，家庭において必要な保育を受けることが困難である子ども（2号認定子ども），③満3歳未満で，家庭において必要な保育を受けることが困難である子ども（3号認定子ども）に区分され，地域型保育給付費の支給対象は，③の3号認定子どもに限定される。つまり，小規模保育などの利用は3歳までであり，3歳以上になれば，保育所などを探して移らなければならなくなる。そのため，現在，3歳児の保育所入所が難しくなるという問題が顕在化しつつある。いずれの支給についても，都道府県または市町村の定める認可基準を満たした上で，市町村が条例で定める運営に関する基準に適合し，市町村長の確認を受けた施設・事業者（それぞれ「特定教育・保育施設」，「特定地域型保育事業者」と呼ばれる。子ども・子育て支援法31条・34条・43条・46条）を利用することが必要となる。

以上のように，子どものための教育・保育給付は，支給認定を受けた子ども（実質的には保護者）への費用支給の形態をとっており，保育（サービス）そのものの提供といった現物給付ではなく，保育費用の償還給付（金銭給付）である。ただし，保育を提供した特定教育・保育施設や家庭的保育事業等の事業者が，保護者が支払う保育料を控除した施設型給付費などを，支給認定を受けた子ども（保護者）に代わって受け取る代理受領の方式をとるため，子ども・保護者の側からみれば，保育料を支払って保育の提供を受ける現物給付のようにみえる。これは同じく代理受領方式をとっている介護保険の給付の仕組みと同じである[(2)]。介護保険の場合も，介護保険法上は，保険

(2) 和田隆夫『社会保障・福祉と民法の交錯』（法律文化社，2013年）13頁は，この代理受領方式について，介護保険において法定代理受領は成立せず，手続の簡易性や

者である市町村が，サービス費用（9割）を要介護者に支給し，本人が自己負担分（1割）と併せて，介護事業者に費用を支払う形態が基本とされており，保険給付それ自体は現金給付である。以下，この給付方式を給付金方式・直接契約方式という。子どものための教育・保育給付が現金給付であることは，法的には，給付主体である市町村との関係では，子ども・保護者は保育を受ける権利ではなく，保育費用の償還支給を受ける権利を有するにとどまることを意味する。

(2)　新制度のもとでの保育の利用手続き

新制度では，給付金方式・直接契約方式（保育所利用の場合を除く）の導入によって，保育所を含め保育の利用の仕組みが，従来の保育制度から大きく変わっている。

まず，保育所の利用の手続き・流れは次のようになる。①保護者は，まず，市町村に支給認定を申請する。②市町村が，当該申請にかかる保護者の子どもについて給付資格（保育の必要性）と保育必要量（時間区分）を認定し，認定証を交付する（子ども・子育て支援法20条)。③保護者が，保育所利用を希望する場合には，認定証をもって市町村に利用の申込みを行う。④市町村が保育所利用を承諾，利用決定を行う。⑤市町村は，子どもに対して保育所で（もしくは私立の認可保育所に委託し）保育を提供する。

従来の保育制度では，保育所入所を希望する場合，保護者が入所を希望する保育所を書いて市町村に申込みをすれば，市町村が入所要件（「保育に欠ける」要件）に該当するかを審査して，該当する場合は，入所先の保育所を決め（入所決定)，入所承諾書を交付していた。この場合，申込みから保育所入所までは一連の手続でなされていた。しかし，保育所定員に空きがないような場合には，「保育に欠ける」要件を満たしていても不承諾となる場合があった。これが「待機児童」といわれる子どもたちの存在である。

新制度では，法律（子ども・子育て支援法）上，利用要件の審査を利用決

給付の確実性を考慮して認められるきわめて例外的な代理受領と位置づけるしかないと指摘している。

定の手続きと分離している。これは，新制度が給付金方式・直接契約方式を基本としているからである。したがって，保護者は，支給認定の申請→保育所の利用の申込みという2段階の手続きを踏む必要がある。しかし，実務上は，保護者は，支給認定の申請の際に，申請書に，希望する保育所名を一緒に記入し利用申込みも同時に市町村にできる形となっている。

これに対して，保育所以外の認定こども園や家庭的保育事業等（以下，これらの施設・事業を総称して「直接契約施設・事業」ということがある）を利用する場合には，直接契約が基本となるので，契約当事者は，認定こども園などの施設・事業者ということになる。となる。したがって，本来であれば，保護者は，支給認定の申請は市町村に行い，支給認定証をもって，当該施設・事業者（所）に利用の申し込みを行わなければならない。

しかし，新制度では，直接契約施設・事業を利用する場合にも，保育を必要とする子ども（2号・3号認定子ども）については，支給認定の申請書に「保育の利用」として，希望する施設・事業者名も記載させ，市町村に利用申込みを行わせ，定員超過の場合は，市町村が利用希望者の選考を行い，利用施設・事業者を決めて保護者に提示する利用調整の仕組みを採用した（児童福祉法附則73条1項による同法24条3項の読み替え）。

利用調整につき内閣府政策統括間（共生社会政策担当）・厚生労働省雇用機会均等・児童家庭局連名通知「児童福祉法に基づく保育所等の利用調整の取り扱いについて」（2015年2月3日）では「利用定員を上回る場合，特定教育・保育施設等は，保育の必要度の高い順に受け入れることが求められている。そのため，市町村がすべての特定教育・保育施設等に係る利用調整を行う」こととされ，また，保護者が，市町村に利用申込みをせず，認定こども園などに直接利用申込みを行った場合には，施設・事業者側が，利用申込みを拒否しても，応諾義務違反に該当しないとされている（「自治体向けFAQ・第5版」2014年12月）。

3 子ども・子育て支援新制度の法的問題

(1) 市町村の利用調整の法的性格

以上のような新制度における保育の利用の仕組みには，いくつかの法的問題がある。

まず，市町村の行う利用調整の仕組みの法的性格が問題となる。保育所の場合には，市町村が保育の実施義務を負い，市町村と保護者・子どもとの契約という利用方式がとられているため，市町村に利用の申込を行い，市町村が定員超過の場合には選考を行い，利用決定を行うことに問題はない。しかし，直接契約施設・事業を利用する場合には，保育所の利用と同じく，「保育の利用」とひとくくりにされているが，市町村は利用契約の当事者ではない。利用契約は，あくまでも直接契約施設・事業者と保護者と間に結ばれるものであり，定員超過の場合の選考も，利用契約の締結（利用決定）も直接契約施設・事業者が行うべきものである。契約当事者ではない，それゆえに利用契約の締結権限をもたない市町村が，利用の申込みについて一括して受け付けることはありうるにしても，定員超過の場合の選考まで実施し，事実上の利用決定を行うことは，法的には説明ができない。

法的にみれば，市町村が行う利用調整は，定員に空きがあり利用可能な施設・事業者をあっせん・紹介するなどの行政指導（行政手続法2条6号）と解され，直接契約施設・事業（者）に保護者との契約締結を要請するにとどまる(3)。契約当事者でない市町村は，応諾義務の規定を根拠にしたとしても，施設・事業者に保護者との契約締結を強制することなどできないからである。市町村の利用調整が行政指導であれば，保護者の側も，市町村の行う利用調整に従う義務はない。

とはいえ，このような解釈では，保育施設が不足している現状では，保育

(3) 田村和之「子ども・子育て関連3法に関する若干の疑問――保育の利用に関して」週刊社会保障2757号（2013年）7頁は，市町村の利用調整は，異なる内容・手続きを定める2法律（子ども・子育て支援法と改正児童福祉法）を実施していく上で必要な「行政手続きの統合」を図ろうとする意図から考え出されたものに違いないが，行政指導では達成しがたいものがあると指摘している。

の必要度の高い人が排除され公平性に欠ける事態が生じることとなる。そのため，政府（内閣府・厚生労働省）は，市町村は利用調整の過程において利用希望者の選考を行うこと，調整および要請に対する協力義務が直接契約施設・事業者に課されていること（児童福祉法46条の2第2項）から，利用調整を強制力のある行政処分，異議申立ての対象となる「処分」（行政不服審査法2条1項）と解している(4)。したがって，保護者の側で，市町村の利用調整の結果に不服がある場合には，不服申立てを行い，場合によっては行政訴訟を提起することができる。

行政指導であっても，これに従わなければ国民の側に実質的な不利益（法的な不利益）が生じると考えられる場合には，例外的に行政処分と解した裁判例もある（医療法にもとづく保険医療機関の指定の申請拒否を前提とした病院開設中止勧告につき，最高裁2005年7月15日判決・民集59巻6号1661頁参照）。しかし，定員超過の場合の選考も，利用調整の名目で市町村が行うとなれば，もはや新制度が基本とする直接契約方式を逸脱しており，法律の明文の根拠が必要と考える。法律の根拠規定もなく，通知や解釈で，こうした運用を行うのは，あまりに強引な制度運用であり，法治主義の原則，「法律による行政の原理」に反するからである。

そもそも，保育施設などが不足している状況で，直接契約方式を採用すれば，先の通知がいうように，保育の必要度の高い人が排除され公平性に欠ける事態が生じること，それゆえに，直接契約・給付金方式に限界があることを露呈している。そうであれば，保育所と同様に，認定こども園や地域型保育事業についても，市町村が保育の実施義務を負い，市町村との契約という形にして，市町村が保育の必要度の高い順に選考する方式をとるべきであろう。

---

(4) 厚生労働省の石井淳子雇用均等・児童家庭局長（当時）は「（新制度の）利用手続きの中で，利用者が例えば自らの希望に沿わない調整結果になった場合，これは市町村に対してその調整結果について異議申立てを行うことが新制度上想定をされ，また可能と考えております。」との委員会答弁を行っている（『第183回国会参議院厚生労働委員会会議録』2013年3月21日）。

⑵　児童福祉法24条1項ただし書きの削除

第2に，児童福祉法24条1項の問題がある。

2012年改正後の児童福祉法24条1項は，市町村が「保護者の労働又は疾病その他の事由により，その監護すべき乳児，幼児その他の児童について保育を必要とする」児童を「保育所において保育しなければならない」と規定し，前述のように，保育所利用の子どもについて，市町村の保育実施義務を残した。ただし，2012年改正前の児童福祉法では，認可保育所の不足などで保育所保育ができない「やむを得ない事由」がある場合には，市町村は，保育所保育に代えて，家庭的保育事業による保育を行うなど「その他の適切な保護」を行う義務（代替措置義務）を規定していたが，このただし書きは，削除された。ただし書きが削除されたのは，行政側の説明では，改正後の児童福祉法24条1項に「次項の定めるところによるほか」と規定され，保育所保育を原則とする従来の制度と異なり，新制度では，認定こども園や家庭的保育事業など，保育所以外の多様な保育施設・事業が並存しており，保護者が，それらの中から希望の施設・事業を選択することができることを踏まえたためとされている[(5)]。

児童福祉法24条1項の旧ただし書きの「その他適切な保護」とは，保育所保育の代替措置を意味するから，市町村は，少なくとも，保育所保育と同水準の保育（たとえば，保育士資格者による保育）を提供する義務があったはずである。しかし，多くの市町村では，保育士資格者の少ない認可外保育施設の紹介や情報提供のみですませてきた実態があった。こうした実態は，法令解釈を誤った違法な運用であったと考えるが，行政解釈も，そうした実態を許容する曖昧な解釈を示してきたため[(6)]，是正されることなく続いてきた。

そして，ただし書きの削除を，従来の「その他の適切な措置」のあいまい

---

(5)　筆者を含めた保育団体と内閣府・厚生労働省との懇談の場（2014年9月9日）での厚生労働省担当者の発言。

(6)　児童福祉法規研究会編『最新・児童福祉法・母子及び寡婦福祉法・母子保健法の解説』（時事通信社，1999年）180頁は，「その他の適切な保護」の具体例として，家庭内保育（いわゆる「保育ママ」）による対応や一定の質が確保された認可外保育施設に対するあっせん，さらには認可外保育施設についての情報提供も挙げていた。

な解釈からすれば，保育サービスの受給権の確保という観点から前進したと評価する見解[(7)]や，保育所保育が提供できない場合，市町村は，認定こども園あるいは家庭的保育事業等による保育を確保するために必要な措置を講じる必要があり，従来の「その他の適切な保護」より，市町村の裁量が限定され，質の保障された保育を受給できる可能性が高まったと評価する見解[(8)]もある。しかし，従来の児童福祉法24条1項ただし書きが削除されたことにより，市町村の利用調整によっても，なお保育施設等に入所できず，保育の提供がなされない（保育サービス受給権，もしくは保育を受ける権利が確保されない）子どもについては，もはや市町村には何の義務も生じないし（市町村に「代替措置」を行う義務はない），保護者の側も何ら法的救済の手立てはなくなった。また，新制度の家庭的保育事業等では保育士資格のない者による保育がいわば合法化されたことが，質の保障された保育といえるのかなど，これらの見解には疑問が残る。

(3)　児童福祉法24条1項と2項との相違

第3に，児童福祉法24条1項と2項とで，市町村の義務に相違があるという問題がある。

新制度になっても，多くの保護者は，これまで通り，保育条件の整った保育所を選択・希望している。こうした保護者の保育所選択権は，尊重されなければならず，たとえば，市町村が，利用調整の段階で，保育所のみを希望している保護者に，保育所以外の認定こども園などの希望を記さないと申込みを受け付けないとしたり，保育所以外の施設を利用するよう圧力をかけたりすることは，保護者の保育所選択権の侵害にあたり違法となる。

そして，前述のように，新制度でも，保育所を利用する子どもに対しては，市町村は，保育の実施義務を負う（児童福祉法24条1項）。この義務は，保育の実施（提供）という現物給付の義務である。その一方，認定こども園や家庭的保育事業等を利用する子どもについては，児童福祉法24条1項の射

(7)　菊池馨実『社会保障法』（有斐閣，2014年）497頁参照。
(8)　倉田賀世「乳幼児と保育の質」週刊社会保障2912号（2017年）54頁参照。

程の範囲外であり，同条2項が適用される。この場合，保育の実施義務を負うのは，市町村ではなく，契約の当事者である認定こども園などの直接契約施設・事業（者）となり，市町村の義務は，直接的な保育実施義務ではなく，「必要な保育を確保するための措置を講じなければならない」という間接的な保育確保義務にとどまる。給付主体としての市町村が負うのは，保育費用の償還給付（金銭給付）の義務にとどまる。

以上のように，児童福祉法24条1項と2項とでは，市町村の義務の内容が異なっており，このことは，保育が必要と認定された子どものうち，保育所を利用する子どもには，市町村が保育実施義務を負うのに対して，他の認定こども園など直接契約施設・事業を利用する（せざるをえなかった）子どもには，市町村は保育の実施義務を負わないということになり，子どもの保育に格差を持ち込むことを意味する(9)。

法的救済の面でも格差が生じる。保育所利用の場合には，市町村の保育所入所不承諾（行政処分）に対して，義務付け訴訟や仮の義務付けの申立てが可能となる。保育所退園処分（保育の実施の解除処分）についても，従来は行政手続法の意見陳述のための手続は適用除外とされていたが，2012年改正によって，旧児童福祉法33条の4と33条の5の規定にあった「保育の実施の解除」の文言が削除されたため，行政手続法所要の聴聞手続（同法13条1項ロ）が必要となった。実際に，保護者の育児休業の取得を理由とした保育所退園処分が聴聞手続を経ていない違法の余地がある処分として，執行停止が認められた事例がある（さいたま地裁2015年9月29日決定・賃金と社会保障1648号57頁，同2015年12月17日決定・賃金と社会保障1656号45頁。第4章参照）。これに対して，直接契約施設・事業の利用の場合は，施設・

(9)　児童福祉法24条1項と2項とで，市町村の果たすべき義務の内容に違いがあるということは，それぞれ別個の義務であり，市町村は，2項の義務を果たしたからといって，1項の義務を免れるわけではない。したがって，保護者が，保育所を希望しているのに入れず，市町村による利用調整の結果，やむなく直接契約施設・事業を利用することになっても，保育所利用を希望し続け，保育所に入れなかったことを不服として，市町村に不服申立てし，場合によっては行政訴訟に訴えることは，新制度のもとでも可能である。

事業者による利用拒否について，保育所のように，保護者が行政訴訟に訴えて利用を義務付けることはできず，契約解除による退園についても聴聞手続の履践が要求されるわけでもなく，保育所に比べ，子ども・保護者の手続保障・権利救済が十分とはいえない。

もっとも，児童福祉法24条2項の「必要な保育を確保するための措置」について，保育所以外の認定こども園や家庭的保育事業等の整備・確保のための財政措置だけでなく，「必要な保育」そのものを確保する措置を講じる義務であり，1項の保育所保育の実施義務に代わる代替的保育義務と解する見解もある（第7章参照）。この見解では，市町村は，保育所のみならず，認定こども園や家庭的保育事業等を利用する子どもに対しても保育実施義務を負うこととなる。認定こども園や家庭的保育事業等の利用希望を市町村に提出させており，認定こども園や家庭的保育事業等の利用も市町村の事務に該当すると解されることなどを根拠とする。しかし，前述のように，新制度導入の目的が，市町村の保育実施義務をなくすことにあったこと，その目的に沿って，当初は，児童福祉法24条1項の文言が現行の24条2項と同じ「必要な保育を確保するための措置」と改正されていたが，法案審議の過程で，市町村の保育実施義務を復活すべく，その文言が「保育所において保育しなければならない」と書き換えられたこと，2012年改正の児童福祉法24条が，直接契約・給付金方式を基本とする子ども・子育て支援法を前提としており，保育所利用の場合のみが，子ども・子育て支援法附則により直接契約・給付金方式の例外と位置づけられていることから，児童福祉法24条2項に，市町村の直接的な保育実施義務（それが保育所保育の実施に代わる代替義務であっても）を読み取ることには無理がある。次に見るように，児童福祉法の改正が必要である。

4 今後の課題――子どもの保育を受ける権利の保障に向けて

子ども・子育て支援法と改正児童福祉法を機軸とする新制度は「子ども・子育て支援新制度」といいつつ，子どもの権利保障の法とはいいがたく，実態は，きわめて複雑で，随所に法的整合性を欠く法制度である。新制度の実施主体である市町村も，国（内閣府および厚生労働省）から通知などで示された新制度の形式を具体化する（整える）ことに追われ，法的不整合や違法の疑いがある条例・規則が散見される[10]。法的不整合や違法状態が恒久化しているともいえ，早急な是正が必要である。

当面の課題としては，法的な整合性をとるためにも，児童福祉法24条2項を改正し，「保育しなければならない」の文言とし，認定こども園や家庭的保育事業等を利用する子どもについても，保育所利用の子どもと同様に，市町村が保育の実施義務をもつ形とすべきである。同時に，子どもの保育に格差を持ち込む仕組みを是正し，家庭的保育事業等についても，保育所保育と同じ基準を設定すべきと考える。その上で，将来的には，子ども・子育て支援法を廃止し，児童福祉法に一元化し，同法に，子どもの保育を受ける権利を明記するとともに，子どもの保育や障害児の療育については，市町村が保育の実施義務をもつ方式に統一させるべきと考える。ただし，保育を受ける権利が法律に明記されても，現実にそれが保障されるためには，保育所など保育施設が整備されていなくてはならない。

この点，ドイツでは，2013年から，1歳以上の小学校就学前の子どもに保育請求権を保障し，保育を受ける権利が，社会法典の児童青少年援助法（KJHG）に規定されている。そして，こうした保育請求権を保障することで，保育施設の拡充を図るという手法が用いられている[11]。同法は，連邦法（社会法典8編）であり，ドイツにおける保育に関する基本法として，各州政府はその拘束を受けるが，同法で保育請求権を保障することで，かりに，保育施設を整備することを怠り，子どもが保育施設に入れないような事態が生じた場合には，権利侵害として，各州政府が損害賠償責任を問われうる。実際に，日本の最高裁にあたるドイツ連邦通常裁判所は，子どもの預け先がみつからず，仕事に復帰できなかった夫婦に対して，州政府は，その所得喪失分

(10)　保育料について，こうした問題を考察したものに，田村和之「新保育制度における保育所保育料制度――法的視点からの検討」賃金と社会保障1655号（2016年）20頁以下参照。

(11)　松宮徹郎「ドイツにおける保育政策・制度の現状――子どもの権利を前面に立てた保育制度改革の内容」月刊保育情報410号（2011年）7頁参照。

を補塡しなければならないとの判決（2016年10月20日）を下している[12]。各州政府は，保育を希望する子どもに対して保育施設を提供できなければ損害賠償を請求されるおそれがあるため，保育施設を整備せざるをえなくなるわけである。日本でも，児童福祉法に，子どもの保育を受ける権利（保育請求権）が明記されれば，各自治体は，保育施設の整備をせざるを得なくなるだろうが，新制度のもとでも待機児童の放置がまかり通っていること，司法に訴える事例がドイツほど多くないことを考えると，市町村の保育施設整備義務および国・都道府県の整備にかかる財政支援義務についても児童福祉法に明記する必要がある。

また，保育の供給体制については，待機児童解消のための保育所整備は急務だが，整備に時間がかかることを考えれば，当面は，基準を保育所保育と同様とすることを前提に，認定こども園，小規模保育や家庭的保育事業の整備も進めていくべきであろう。

(12) 同判決については，木下秀雄「『保育』施設未入所について損害賠償を命じたドイツ連邦通常裁判所──『保育』を受ける権利を考える」月刊保育情報487号（2017年）13頁以下参照。

補論　新保育制度における保育所保育料制度

田村和之

2015年4月より新保育制度が実施された。新法の子ども・子育て支援法，改正児童福祉法および改正認定こども園法により形成される新保育制度は，あまりに複雑・難解であり，随所に法的整合性を欠いているところがみられる「欠陥法」であり，これを実施する市町村で実務にあたる職員が新保育制度を十分に（あるいは正確に）理解できていないのではないかと危惧される節も見られた。このような状況で新制度が実施されれば，市町村において行政上の混乱が生じることは避けられないと筆者はみている。

本稿では，新制度のもとでの保育所保育料の賦課・徴収の法的仕組みに焦点を当てて，問題を検討する。本稿では，保育所保育料の賦課・徴収の法的仕組みを概観するとともに，これについて内閣府がどのように説明しているかをみることにする。

⑴　保育料賦課・徴収の法律上の根拠

新保育制度においても，これまでと同じように市町村は保育の実施義務を負う（児童福祉法24条1項）[(1)]。すなわち，市町村は，乳幼児が「保育を必要とする場合……当該児童を保育所……において保育しなければならない」の

---

(1)　改正された児童福祉法24条1項（現行の規定）は，次のとおりである。

「市町村は，この法律及び子ども・子育て支援法の定めるところにより，保護者の労働又は疾病その他の事由により，その監護すべき乳児，幼児その他の児童について保育を必要とする場合において，次項に定めるところによるほか，当該児童を保育所（認定こども園法第3条第1項の認定を受けたもの及び同条第十項の規定による公示がされたものを除く。）において保育しなければならない。」

改正前の規定にあったただし書は削除されているが，市町村の保育の実施義務は維持されている。

であり，保育を必要とする子どもを公立保育所において保育し，あるいは私立保育所に委託して保育する。

市町村が保育を実施したとき，保育料を賦課・徴収できる。新制度の実施以前の保育料賦課・徴収の法的根拠は，改正前の児童福祉法56条3項であった。同項は次のような規定である。

「……第51条第4号若しくは第5号に規定する保育費用を支弁した市町村の長は，本人又はその扶養義務者から，当該保育費用を……徴収できる。」

51条4号に規定する費用とは，「市町村の設置する保育所における保育を行うことに要する保育費用」であり，5号のそれとは「都道府県及び市町村以外の者の設置する保育所における保育を行うことに要する保育費用」（つまり市町村が私立保育所に支払う委託費用である）であり，いずれも市町村が支弁する（改正前の同法51条柱書)。この規定は，これらの保育費用を徴収できると定めているので，市町村は保育の実施を行ったとき，公立・私立保育所を区別せずに保育料を賦課・徴収できた。

この児童福祉法56条3項は改正され，現行規定は次のとおりである。

「第51条第4号又は第5号に規定する保育費用を支弁した市町村の長は……その費用の全部または一部を徴収することができる。」

改正児童福祉法51条4号または5号に規定する保育費用とは同法24条5項または6項の措置に要する費用をいうから，同法24条1項の定める保育の実施に要する費用は同法56条3項による保育料賦課・徴収の対象となる費用ではない。したがって，改正児童福祉法には，保育所保育料の賦課・徴収の根拠規定が存在しない。

ところで，子ども・子育て支援法附則6条には，改正児童福祉法24条1項による保育の実施を私立保育所（特定教育・保育施設）で行った場合，保育費用を支払った市町村の長は，保護者または扶養義務者から当該費用を徴収すると定められた（4項)。この規定は，私立保育所保育料の賦課・徴収の根拠規定であると理解されている。

以上のように，市町村は児童福祉法24条1項により公立保育所および私立保育所で保育を実施するが，公立保育所保育料については法律（児童福祉法および子ども・子育て支援法）に根拠規定がなく，私立保育所保育料については子ども・子育て支援法附則6条4項に根拠規定がおかれたのである。統一を欠いた，きわめてチグハグな状態である[(2)]。

⑵　公立保育所保育料――内閣府の見解

以上のような法規定のもとで，内閣府が保育所保育料に関する法的仕組みをどのように理解・説明しているかをみることにする。

新保育制度において保育所を所管する政府機関は内閣府と厚生労働省であり，新制度実施にあたり見解が両府省から示されている。市町村の保育所事務は自治事務（地方自治法2条8項）であるが，今もなお地方自治体は，国が示す法令の実施に関する諸見解（それらは通達，事務連絡の形だけでなく，国の機関およびその担当者により様々な機会に様々な形で示される）に強く影響されている（従っている）のが実情である。

そこで，以下では，内閣府が新保育制度のあり方についてまとまった形で見解を示している「自治体向けＦＡＱ（第16版）」(2018年3月30日，No. 119）を取り上げ，そこに述べられている保育所保育料の仕組みについて検討することにしたい[(3)]。

まず，公立保育所保育料について。

問「①公立施設の利用者負担については，国の法律に徴収根拠規定が存在しませんが，条例で定めることは必要ですか。また，利用者負担の額も条例で定めることが必要ですか。また，利用者負担は公債権，私債権のいずれになるのでしょうか。

---

(2)　同じように市町村が児童福祉法24条1項により保育の実施を行いながら，入所した保育所の公私立の別で保育料の賦課・徴収の根拠規定が異なることになったのはなぜかは，筆者には不明である。おそらく立法段階における調整不足によるものであろう。だが，この結果，市町村における保育料賦課・徴収の法的なあり方に違いが生じることになる。

(3)　「自治体向けＦＡＱ」は内閣府ウェブサイトに掲載されている。初版が掲載されたのは2014年7月である。

また，公立施設の利用者負担額の規定方法としては，公の施設の使用料として設定することとされていますが，法律上，個人給付及び法定代理受領であることを踏まえて，具体的にはどのように規定すれば良いでしょうか。」

答「公立施設の利用者負担額については，②公の施設の使用料に該当するため，③条例に徴収根拠を定めることにより，公債権として整理されます。また，公の施設の費用徴収に関して条例で定める際には，④金額の決定を全面的に規則に委ねることはできないので，少なくとも，条例上，上限額あるいは範囲等が規定されていることが求められます。

⑤公立施設の利用者負担額の規定方法としては，法体系上は公定価格の額を基に使用料として定めたうえで，その弁済に，給付費の法定代理受領及び保護者負担を充てることが整合的です。

一方で，介護保険制度や障害者福祉サービス等における使用料条例の状況を見ると，実際の利用者負担額を使用料として定めている例もあるので，最終的には，市町村の考え方により定めてください。」（以上，数字と下線は筆者）

以上の問答から，内閣府は次のように考えていることが分かる。

第1に，公立保育所の保育料の賦課・徴収の根拠は，国の法律に定められていないとする（下線①）。すなわち，児童福祉法56条3項は，もはや公立保育所保育料の賦課・徴収の根拠規定でないということである。

第2に，公立保育所の保育料は公の施設の使用料であるとする（下線②）。すなわち，それは地方自治法225条の使用料であるということである。使用料は公の施設の使用の対価であり，「公の施設の使用に対してその反対給付として徴収されるという性格を有する」（松本英明『新版逐条地方自治法（第6次改訂版）』学陽書房，2011年，753頁）。

第3に，公の施設の使用料である公立保育所の保育料は，条例に徴収根拠を定めなければならいとする（下線③）。これは，地方自治法228条1項の定めるところである。

以上の３点については筆者も同じ考えであり，行政法学・地方自治法学の定説と一致する。

第４に，保育料の金額の決定を全面的に規則に委ねることはできないのであり，条例に「上限額あるいは範囲等」を規定しなければならないとする（下線④）。これによれば，条例には上限額を定めるだけでもよいし，あるいは金額の範囲（上限額と下限額）を定めるのもよい。したがって，保育料の具体的な額は，定められた上限額以下あるいは定められた金額の範囲内で，規則で定めればよいことになる。しかし，このような見解は，行政法学・地方自治法学の定説とは異なる。例えば，松本英明・前掲書は，次のように説明する。

「使用料条例には，その金額，徴収の時期，方法等の外，必要ならば減免の方法，程度等をも規定するのが適当であろう。」（754 頁）

「分担金，使用料……につき条例で規定すべき事項は，納入義務者，金額，徴収の時期及び方法等であつて，その細目は条例から規則へ委任することができるが，少なくともその一件当たりの金額は当該条例中に規定しておくべきで，金額そのものをも条例から規則へ委任してしまうことは適当でない。」（763 頁）

「公の施設の使用は住民の権利であつて，その使用関係に基づく使用料につき，同一使用に対して貧富の差による使用料の等差など応能的な差を設けることは適当ではないが，特に生活貧困者等特別の事情のある者に対しこれを軽減する必要がある場合には，使用料の減免をなし得る規定を当該条例中に規定しておくことが適当である。」（755 頁）

以上の見解は，これまでの定説といってよいものである。これによれば，公の施設の使用の対価としての使用料は，等差（格差）を設けることは適当でない（同一仕様に対しては同一金額であるべきである），しかし，特別の事情があるものに対しは減免できる規定を条例中に定めておくことが適当であるということである。

このような見解からすれば，条例中に徴収金額の上限または範囲を定めればよいとする下線④の内閣府見解は，明らかに異常であり，内閣府の独自説というべきものである(4)。

---

(4)　条例には保育料の額の上限または範囲を定めるだけでよいとする理解は，公の施

第５に，具体的な利用者負担額の条例上の定め方については，「公定価格の額を基に使用料として定めたうえで，その弁済に，給付費の法定代理受領及び保護者負担を充てることが整合的です」とする（下線⑤）。大変分かりにくい文章であるが，この見解は，法解釈としてではなく，行政運営の望ましい姿として示されたもののようである。

しかし，筆者にはこの文章の意味を理解することができない。というのは，「使用料」と「保護者負担（額）」のいずれを保育料としているのかが判然としないからである。意味不明ではあるが，この文章で内閣府当局者がいおうとしていることを推測しながら，その問題点を検討してみよう。

「公定価格」とは，特定教育・保育（子ども・子育て支援法27条１項によれば，特定教育・保育施設において行われる教育・保育をいう）に要する費用の額をいう[(5)]。特定教育・保育施設である保育所の公定価格は，内閣総理大臣が定める基準により算定される園児１人当たりの月額の保育費用である（同条3項1号）。仮にそのようなⓐ公定価格を条例で使用料の額として定めれば，公立保育所の使用料（保育料）は公定価格そのものであるということになる（したがって，それは保育費用全額である）。ところが，「その弁済に，法定代理受領と保護者負担を充てることが整合的です」とする。「弁済」とは債務を償うことであるから，保護者が負担すべき使用料という債務は，法定代理受領の施設型給付費[(6)]と利用者負担によって償うのが整合的であるということになる（「整合的」とはこのように扱うのが望ましいという意味であろう）。

まず，使用料という債務の弁済に法定代理受領を充てるという点について

設の使用料についての定説に反するものである。現在，多くの市町村がこの理解に従って公立保育所保育料を条例または規則で定めているが，違法であるというほかない。

(5)「特定教育・保育，特別利用保育，特別利用教育，特定地域型保育，特別利用地域型保育，特定利用地域型保育及び特例保育に要する費用の額の算定に関する基準等」（2015年内閣府告示49号）1条12号によれば，「公定価格」とは，支給認定子ども（子ども・子育て支援法20条4項）について，基本部分，基本加算部分，加減調整部分，乗除調整部分および特定加算部分をもとに算出する額であると定義されている。

(6)　施設型給付費は保護者に支給されるものであるが，これを保育所に支払うこともできる。これが法定代理受領である（子ども・子育て支援法27条5項・6項）。

いえば，公立保育所は市町村が設置管理者であるから，市町村が支払う施設型給付費は市町村が代理受領できるので（子ども・子育て支援法27条5項・6項），その施設型給付費を保護者が負担する使用料の弁済に充てることは許されるだろう。

次に「保護者負担」であるが，施設型給付費の算定にあたり市町村が定める額（子ども・子育て支援法27条3項2号）を指しているとすれば，それは施設型給付費の算定にあたり公定価格から控除される額であり，保護者から徴収するものではない。ところが，内閣府は，これを実際に保護者に負担させる額（保護者から徴収する額）としているように思われるが，子ども・子育て支援法27条3項の誤読であるというほかない[7]。そうではなく，同条3項2号の額に相当する額を保育料として条例で定めることは認められるであろうが，この場合，ⓑ条例に定めた額が公立保育所の使用料（保育料）である。

下線ⓐと下線ⓑとを整合的に理解することは困難である。こうして，下線⑤はどのように読んでみても意味不明であるというほかない。

⑶　**私立保育所保育料**──内閣府の見解

内閣府（厚生労働省）の「自治体向けFAQ（第16版）」（No.155）は，私立保育所を利用した場合の保育料について，次のように説明している。

問　「私立施設の利用者負担の徴収根拠は何で規定されているのでしょうか。また，私立施設の利用者負担額は，規則で定めることは可能ですか。」

答　「⑥私立保育所の利用者負担の徴収根拠は，子ども・子育て支援法附

⑺　子ども・子育て支援法27条3項2号には「政令で定める額を限度として当該支給認定保護者の属する世帯の所得の状況その他の事情を勘案して市町村が定める額」と定められている。「政令で定める額」は同法施行令4条に定められているが，それは施設型給付費の算出にあたって「市町村が定める額」の限度を示すものであり，実際に賦課・徴収する使用料（保育料）の限度額を示すものではない。しかし，多くの市町村では，これを内閣府見解の下線⑤にいう限度額と理解しているようである。

則第6条4項に規定があり，それ以外の私立施設については，施設と保護者との直接契約になるため法で特段の規定はしていません。

また，私立施設の利用者負担額については，第27条3項の規定により，政令で定める額を限度として世帯の所得の状況等を勘案して市町村が定めることとなっており，規則で定めることも可能です。」（下線と数字は）

この回答では，私立保育所を利用した場合の保育料と，それ以外の私立施設の利用者負担を区別して説明している[(8)]。下線⑥は，私立保育所を利用した場合の保育料の賦課・徴収の根拠規定は子ども・子育て支援法附則6条4項であるとしている。同項は次のような規定である。

「第1項の場合において，保育費用の支払をした市町村の長は，当該保育費用に係る保育認定子どもの支給認定保護者又は扶養義務者から，当該保育費用をこれらの者から徴収した場合における家計に与える影響を考慮して特定保育所における保育に係る保育認定子どもの年齢等に応じて定める額を徴収するものとする。」

この規定は，改正前の児童福祉法56条3項とほぼ同じ趣旨である。そうだとすると，市町村が児童福祉法24条1項により私立保育所で保育を実施する場合の保育料賦課・徴収の仕組みは，新保育制度の実施以前のそれと同じでよいことになる。

従前の保育所保育料の賦課・徴収の根拠規定は改正前の児童福祉法56条3項であり，この規定は公立保育所・私立保育所を区別することなく適用された。各市町村は条例または規則に保育料の額（保育料徴収基準額表）を定め，これにより保育料を賦課・徴収していた。内閣府の回答によれば，現行法のもとでも，私立保育所保育料についてはこのような仕組みが維持されることになる。

この結果，内閣府によれば，公立保育所保育料は使用料であり，その金額

---

(8)　この回答では，子ども・子育て支援法27条3項を根拠に，私立保育所以外の私立施設の利用者負担額について市町村が定めるとするが，注(7)で述べた理由により，このような見解には与せない。

の上限または範囲を条例で定めなければならないが，私立保育所保育料は使用料にあたらない（地方自治法は適用されない）ので，その額は必ずしも条例に定める必要はない（規則に定める必要はある）ことになる。新保育制度のもとで，公立保育所・私立保育所の別を問わず，市町村は児童福祉法24条1項により保育を実施するにもかかわらず，このような保育料賦課・徴収の仕組みの違いは，合理化できないと考える(9)。筆者は，そもそも子ども・子育て支援法附則6条に第4項を定めたことに問題があると考えるが，同項が定められていることを前提とすれば，保育料のあり方に齟齬を生じさせない解釈運用が求められる。

以上に述べたことを要約しておこう。

新保育制度のもとでも，児童福祉法24条1項により市町村は，みずから設置する公立保育所あるいはそれ以外の私立保育所で保育を実施する。いずれの場合であれ，市町村が保育料を賦課・徴収する。

公立保育所保育料については，地方自治法の使用料に関する規定（225条，228条1項など）が適用され，賦課・徴収の根拠規定を条例に定めなければならない。また，使用料（保育料）の額も条例に定めなければならない。ただし，内閣府によれば，条例には保育料の上限額あるいは範囲（上限額と下限額）を定めるだけでよいとされる。しかし，筆者は，このように定めることは違法であると考えている。

私立保育所を利用した場合の保育料については，子ども・子育て支援法附則6条4項が保育料賦課・徴収の根拠規定であり，内閣府によれば条例または規則に保育料徴収基準額を定めなければならない。

---

(9)　子ども・子育て支援法附則6条1項は，児童福祉法24条1項により市町村が私立保育所で保育したとき，委託費を支払う旨を定めるが，「この場合において，（子ども・子育て支援法）第27条の規定は適用しない。」（第二文）と定める。したがって，子ども・子育て支援法を私立保育所に子ども（支給認定子ども）を入所させた保護者（支給認定保護者）には，施設型給付費は支給されず，また，私立保育所は施設型給付費を代理受領しない。そうだとすれば，内閣府の回答の下線⑤のように，保育料という債務の弁済に代理受領した施設型給付費を充てることは，私立保育所保育料についてはありえない。公立保育所保育料も私立保育所保育料も，市町村が賦課・徴収するものでありながら，両者の取扱いには，このような違いが生じることになる。

前述のように，筆者は，児童福祉法 24 条 1 項による市町村の保育の実施でありながら，保育料の賦課・徴収については，適用される法律および法規定が異なることなどに大きな違和感を覚えるが，このような異常な法規定の状態は，一刻も早く是正されなければならない。

（付記）

この補論は『賃金と社会保障』1655 号（2017 年 4 月号）掲載の論稿の前半部分を一部手直ししたものである。

あとがき

保育研究所所長　村山祐一

保育研究所では，子ども・子育て支援新制度案が提起された当時から，研究会「児童福祉法24条1項をいかし保育をよくする会」を立ち上げた。そこには，研究者や私立保育園園長などの現場関係者などが集い，情報交換や新たな政策・施策に対する分析などを行ってきた。

とりわけ制度研究にあたっては，法学による検討が重要であると，研究所が編集する月刊『保育情報』誌などに各種論稿を掲載してきた。また，研究所の公開研究会として，2017年4月に京都で「『市町村の保育実施義務（児童福祉法24条1項)』を考える──日本・ドイツの判例を踏まえて」を開催するなど，討議の機会を設けてきた。

そうした活動を受けて，田村和之，伊藤周平の両氏を中心として研究をまとめたものが今回の出版につながった（以下，敬称略)。

本書刊行の主要な目的は次の点にあると考える。

待機児童問題が社会問題化して四半世紀近くなるが未だ解決されず，新制度になっても解消の方向性が見えないだけでなく，混乱が生じている。待機児童問題の解決を遅らせている一つの問題として，児童福祉法24条1項で示されている市町村の保育実施義務の法的解釈と法律のあり方について焦点をあてて今日の改善課題を提起している。特に，いくつかの判例に基づき問題を具体的に検討，さらにドイツの判例も紹介し検討を行っている。

そのうえで，「7．市町村の『保育の実施義務』」（田村和之），「8　子ども・子育て支援新制度における保育の利用の仕組みと子どもの保育を受ける権利」（伊藤周平）において，児福法24条の保育実施義務をめぐって次のような問題と課題を提起している。

田村は，特に次の点を強調している。児童福祉法24条（1項）の保育実施義務の規定の変遷といくつかの判例を踏まえた解釈の経緯を論述し，新制度の発足を推し進めた社会保障審議会少子化対策特別部会第一次報告（2009年2月）では保育実施義務規定の解釈を歪め，この『欺瞞的』見解に基づき児童福祉法改正法案ではこの24条規定が削除され，国会に提出された（2012年3月）と経過を踏まえ指摘。しかし，この案に対して，全国各地の保育関係者の反対運動の広がりを背景に，国会審議中に，3党合意（与党の民主党，野党の自民，公明）で保育実施義務を規定した24条1項が復活した。国会での審議説明や法改正直後の内閣府の説明でも，市町村の保育実施義務は維持されただけでなく，「強化」されたと理解し説明した。しかし，新制度の下での最初の三鷹市保育所入所拒否損害賠償請求での東京高裁の判決（2017年1月）では，児福法24条1項の保育実施義務は，定員不足で入所できない場合は保育義務の違反は生じないとしている。この内容は，国会での審議説明や内閣府の説明は「偽り」ということになり，とうてい容認できないと強調。さらに田村は児童福祉法24条1項と2項の認定こども園等への市町村責任の関係については，2項の市町村義務は1項の市町村の保育実施義務をふまえ，「保育することを義務づけている」ととらえるべきではないかと強調し，「児童福祉法24条1項・2項の定める保育義務の法的意味の理解について，一層の論議が必要であると」述べている。

伊藤は，市町村委託方式と給付金支給方式という相異なる仕組みを併存させて，大変複雑な制度となっているため，児童福祉法24条1項の保育実施義務の規定と2項の認定こども園・家庭的保育事業等へ市町村責任の法解釈も複雑化し，矛盾した内容も見られることを問題視している。

具体的には新制度の下で行われている「保育の利用手続き」について取り上げている。保育実施義務が位置づけられ，子ども・子育て支援法（以下支援法）附則6条において，24条1項で保育所への市町村の保育実施義務が位置づけられ，私立保育所には従来の委託費支払い制度が明記され，支援法27条の給付費規定は適用しないと明記された。それにもかかわらず，保育所入所の手続きでは，新制度が「給付金方式・直接契約方式」を基本としているため従来より煩雑になっていると指摘。他方，認定こども園等は親との直接契約であるにもかかわらず，市町村が入所の利用調整を行うこととなり，

「法的には説明できない」制度運用となっていることを指摘し，児福法24条1項と2項の「市町村の義務に相違がある」ことを論究している。新制度は「子どもの権利保障の法とはいいがたく，実態は，きわめて複雑で，随所に法的整合性を欠く法制度である」ため，早急な是正が必要と指摘している。運用上の法解釈では説明がつかなくなるため，具体的には当面の課題として，児福法24条2項を改正して，「市町村が保育の実施義務を持つ形とすべき」であり，さらに家庭的保育事業等の基準も保育所と同じとするなどの施設間の格差是正等を提案している。

田村と伊藤は法解釈ではやや異なっているが，「保育の実施義務」について，子どもの権利保障の視点から1項，2項とも市町村の保育実施義務を明確に位置づけるべきとしている。

待機児童問題の真に解決を図るには，保育実施義務について，あらためて，実態を踏まえた多面的な検討が不可欠である。子どもの生活と発達の権利保障の視点から，保育所等の整備責任，保育の基準の確保，保育の質の保証などを含めた内容として検討することが必要といえる。保育の質の向上には保育士の保育準備や保育士相互の打合せや会議，親支援への事務作業などの時間の保障，全ての保育士の園内研修や園外研修の保障，保育士の休暇の保障などをどのように確保するかについて，保育実施義務の主体者（市町村）が責任を持ってすすめることも含まれるべきと言える。

多くの方々が，この本での問題提起を積極的に受けとめて，子どもの権利保障，子どもの視点に立脚した保育の質保障という視点から，保育実施義務の内容を社会的に深めていただきたいと願っている。そのことが保育制度の改善の推進役となり，地域全体の保育の質をボトムアップすることにつながると考える。

【執筆者紹介】
田村和之　　広島大学名誉教授
広島大学総合科学部教授，龍谷大学法科大学院教授を経て，現在に至る。
主著『在外被爆者裁判』（編著，信山社），『保育判例ハンドブック』（共著，信山社）

伊藤周平　　鹿児島大学教授
法政大学助教授，九州大学助教授を経て現在に至る。
主著『介護保険法と権利保障』（法律文化社，2008年日本社会福祉学会学術賞受賞），『社会保障入門』（ちくま新書，2018年）

木下秀雄　　龍谷大学教授
主著『ビスマルク労働者保険法成立史』大阪市立大学法学叢書（1997年）

保育研究所
1979年設立の民間研究機関。村山祐一は現在の所長。『保育白書』各年版・月刊『保育情報』の編集などを行っている。
逆井直紀は本研究所常務理事。主な論文「保育所の最低基準と規制緩和政策」日本保育学会『保育学講座』第2巻「保育を支えるしくみ」（東京大学出版会，2016年）など

待機児童ゼロ――保育利用の権利――

2018(平成30)年7月30日　第1版第1刷発行
3184:P148 ¥1500E 020-010-001

©著　者　田村和之
伊藤周平
木下秀雄
保育研究所
発行者　今井　貴・稲葉文子
発行所　株式会社　信山社
〒113-0033　東京都文京区本郷6-2-9-102
Tel 03-3818-1019　Fax 03-3818-0344
info@shinzansha.co.jp
笠間才木支店　〒309-1611　茨城県笠間市笠間515-3
Tel 0296-71-9081　Fax 0296-71-9082
笠間来栖支店　〒309-1625　茨城県笠間市来栖2345-1
Tel 0296-71-0215　Fax 0296-72-5410
出版契約 2018-3184-7-01011　Printed in Japan

印刷・製本／ワイズ書籍(M)渋谷文泉閣
ISBN978-4-7972-3184-7 C3332 分類328.670

保育判例ハンドブック

田村和之・古畑淳・倉田賀世・小泉広子 著

子ども・子育て支援ハンドブック

田村和之・古畑淳 編

保育六法（第３版）

田村和之 編集代表

社会保障法・福祉と労働法の新展開
—佐藤進先生追悼

荒木誠之・桑原洋子 編